Eine Rose ist *keine* Rose ...

Das Symbol erweckt Ahnung;
die Sprache kann nur erklären.
Das Symbol schlägt alle Seiten
des menschlichen Geistes zugleich an;
die Sprache ist genötigt,
sich immer nur einem einzigen Gedanken hinzugeben.
Bis in die geheimsten Tiefen der Seele
treibt das Symbol Wurzeln;
die Sprache berührt wie ein leiser Windhauch
nur die Oberfläche des Verständnisses.
...
Nur dem Symbol gelingt es,
das Verschiedenste zu einem
einheitlichen Gesamteindruck zu verbinden;
die Sprache reiht Einzelnes aneinander
und bringt immer nur stückweise zum Bewusstsein ...
Worte machen das Unendliche endlich;
Symbole entführen den Geist über die Grenzen
der endlichen, werdenden in das Reich
der unendlichen, seienden Welt.

J. J. Bachofen

Versuch über die Gräbersymbolik der Alten, Basel, 1859, S. 48

Inhalt

inhalt

Liebe Leserinnen und Leser,

seit Anbeginn der Zeiten, als der Mensch sich seiner Situation hier auf der Erde und in diesem Universum allmählich bewusst wurde, fing er an zu fragen: „Was bedeutet das hier? Welchen Sinn hat das? Wer hat die Welt, die Pflanzen, Tiere und Menschen gemacht? Gibt es unbekannte jenseitige Mächte, Dämonen und Götter, die mein Leben beeinflussen? Wie kann ich sie günstig stimmen? Wie kann ich am besten leben und überleben? Wie kann ich gut mit den anderen Menschen und der Natur zusammenleben? Wie geht es nach dem Tod weiter?

Die Antworten, die kreative Menschen auf diese Fragen fanden, wurden in Mythologien, Religionen, Philosophien, in Kunst und wissenschaftlichen Modellen gefasst. Diese schwankten zwischen einem trost- und hoffnungslosen Nihilismus und Pessimismus und einem ewig-glückseligen, erleuchteten paradiesischen Endzustand, den die Menschen erreichen könnten.

Aber immer gab es Elend, Leid und Krieg darüber, wer wohl im Besitz der wirklichen Wahrheit und des richtigen Welt- und Menschenbildes war. Eine stimmige Deutung der existenziellen Situation des Menschen zu besitzen, scheint so elementar wichtig zu sein, dass Menschen sogar bereit sind, dafür zu töten und zu sterben.

Und dann erschienen, durch die Philosophie Kants, Schopenhauers und Nietzsches vorbereitet, die moderne Tiefenpsychologie und die Neurowissenschaften, die behaupteten, diese Fragen seien in gewisser Hinsicht „sinnlos" oder aussichtslos, weil wir die Welt und uns selbst gar nicht so erkennen könnten, wie sie vom „Wesen" her „wirklich" sind. In unsere Wahrnehmung, unser Denken und Fühlen spielten höchst komplexe, unanschauliche, selbstregulative, überwiegend unbewusste Vorgänge hinein, die unsere Verstehensmöglichkeiten weit überstiegen.

Hinzukomme, dass diese psychoneurologischen Vorgänge, die durch Millionen Jahre lange evolutionäre Anpassungen entstanden seien, nicht primär auf einen „objektiven" Erkenntnisgewinn, sondern auf das Überleben hin optimiert seien. Zum Überleben brauche es neben einer guten „Realitätswahrnehmung" auch eine Vielzahl von Abwehr- und Bewältigungsmechanismen, Täuschungen und Illusionen, damit wir uns rasch orientieren können, unsere Ängste beruhigen und mit Hoffnung, Optimismus und Lust in die Zukunft schauen können.

So ist es nur verständlich, dass Wissenschaftler, Philosophen und Psychologen letztlich zur Erkenntnis kommen, dass sie an Grenzen stoßen, die sich nicht überschreiten lassen. Auch C. G Jung zog am Ende seines Lebens eine recht vorsichtige und demütige Bilanz:

> Ich kann mir kein endgültiges Urteil bilden, weil das Phänomen Leben und das Phänomen Mensch zu groß sind. Je älter ich wurde, desto weniger verstand oder erkannte oder wußte ich mich. Ich bin über mich erstaunt, enttäuscht, erfreut. Ich bin betrübt, niedergeschlagen, enthusiastisch. Ich bin das alles auch und kann die Summe nicht ziehen. Ich bin außerstande, einen definitiven Wert oder Unwert festzustellen, ich habe kein Urteil über mich und mein Leben. In nichts bin ich ganz sicher. Ich habe keine definitive Überzeugung – eigentlich von nichts. Ich weiß nur, daß ich geboren wurde und existiere, und es ist mir, als ob ich getragen würde. Ich existiere auf der Grundlage von etwas, das ich nicht kenne. Trotz all der Unsicherheit fühle ich eine Solidität des Bestehenden und eine Kontinuität meines Soseins. [...] Und doch gibt es so viel, was mich erfüllt: die Pflanzen, die Tiere, die Wolken, Tag und Nacht und das Ewige in den Menschen. Je unsicherer ich über mich selber wurde, desto mehr wuchs ein Gefühl der Verwandtschaft mit allen Dingen.
> Jung/Jaffé, 1962, Erinnerungen, Träume Gedanken, S. 360 f.

Auch wenn alles ein großes Geheimnis bleibt, und wir unsere Fragen nach der Bedeutung nicht mit Gewissheit beantworten können: Dieses Gefühl einer tiefen Verbundenheit und Verwandtschaft mit dem Leben, mit unserer Erde, ja sogar mit dem Universum kann sich entwickeln und vertiefen, wenn wir lernen, mit den großen Symbolen der Menschheit wie auch mit unseren eigenen Bildern, die aus unserer Seele aufsteigen, bewusster zu leben. Dazu möge dieses Heft beitragen.

Für das Redaktionsteam,
Ihre Anette und Lutz Müller

„Wo fass' ich dich, unendliche Natur?"

Ich habe nämlich weder in religiöser noch in
anderer Hinsicht Gewissheit über meine Symbole.

Morgen können sie sich ändern. Es sind nur
Anspielungen, sie deuten auf etwas hin, sie
stammeln, und oft gehen sie in die Irre.
Sie versuchen nur, in eine bestimmte Richtung zu weisen,
nämlich zu jenen dunklen Horizonten,
hinter denen das Geheimnis des Seins verborgen ist.
[...]
Zum Teil sind es sogar unzulängliche und
zweifelhafte Versuche, das Unaussprechliche
auszudrücken. Darum ist ihre Zahl unendlich und die Gültigkeit eines jeden ungewiss.

Es sind nur bescheidene Bemühungen, das nicht zu
Beschreibende zu formulieren, zu definieren,
zu formen. „Wo fass' ich dich, unendliche Natur?" (Faust).
Sie bilden keine Lehre, sondern sind nur Ausdruck
der Erfahrung eines unaussprechlichen Mysteriums
und eine Antwort darauf.

C. G. Jung, Briefe III, S. 15 f.

Seelische Dinge sind Wandlungen

Man hat zwar einen begreiflichen Wunsch nach
unzweideutiger Klarheit, dabei vergißt man aber, daß
seelische Dinge Erlebnisvorgänge, das heißt
Wandlungen sind, welche niemals
eindeutig bezeichnet werden dürfen,
will man nicht das lebendig Bewegte
in ein Statisches verwandeln.

Das unbestimmt-bestimmte Mythologem und das
schillernde Symbol drücken den seelischen Prozeß
treffender, vollkommener und damit
unendlich viel klarer aus als der klarste Begriff; denn das
Symbol vermittelt nicht nur eine
Anschauung des Vorganges, sondern auch
– was vielleicht ebenso wichtig ist – ein Mit- oder
Nacherleben des Vorganges, dessen Zwielicht nur durch ein
inoffensives Mitfühlen und
niemals durch den groben Zugriff der
Deutlichkeit verstanden werden kann.

C. G. Jung, GW 13, §199

Die Wiederverzauberung der Welt: Mit Symbolen schöpferisch leben

Lutz Müller

Symbole – und die oft mit ihnen verbundenen Rituale – haben die Menschheit schon immer beeinflusst und bewegt. Alle wichtigen Ereignisse, Erfahrungen und Stationen unserer menschlichen Existenz wurden und werden begleitet von orientierenden und motivierenden Symbolen. Aber nicht nur bei den großen Ereignissen unseres Lebens spielen sie eine Rolle. Auch unser alltägliches Leben ist durchdrungen von Symbolwirkungen. Ohne symbolisches Erleben wären unsere Welt- und Beziehungserfahrungen nüchtern, oberflächlich, langweilig, farblos. Symbole sind äußerst dynamische Faktoren, die auch dann wirksam sind, wenn wir kaum etwas von ihnen merken. Sobald man sich ein wenig von der reinen oberflächlichen Begrifflichkeit oder Phänomenologie einer Sache entfernt und nur ein wenig tiefer geht, offenbart sich ein fast unerschöpflicher Raum von Bezügen und Assoziationen.

Symbole haben Einfluss auf die verschiedensten Bereiche unserer Persönlichkeit. Sie wirken auf unser Denken und Fühlen, auf unsere Wahrnehmung, Intuition und Fantasie, auf unsere Bedürfnisse und Triebe, auf unser Bewusstsein und auf unser Unbewusstes. Sie reichen vom Tiefsten zum Höchsten, verbinden Gegensätzlichstes und können immer nur Perspektiven offenbaren. Symbole sind eine universale Sprache, die von vielen Menschen intuitiv verstanden wird.

Eine zweite Sprache

Der Tiefenpsychologe Erich Fromm war der Auffassung, dass die Symbolsprache die einzige Fremdsprache sei, die jeder von uns lernen sollte – wobei das Erlernen dieser „Fremdsprache" im Grunde relativ leicht ist, da wir alle ein intuitives Wissen von ihr haben. Symbole arbeiten mit den Mitteln der Analogie (Ähnlichkeit), und das Erkennen von vertrauten Mustern, von Ähnlichkeiten, Beziehungen und Zusammenhängen ist eine wesentliche Arbeitsweise unseres Gehirns.

Beim Erlernen und Verstehen dieser „Fremdsprache" geht es nicht primär um eine „eindeutige" Deutung von Symbolen. Es geht vielmehr umgekehrt darum, sich mit ihrer Hilfe von allzu starren Festlegungen und Interpretationen über sich selbst und die Welt zu befreien, den Sinn für das Vielschichtige, Widersprüchliche, Paradoxe und Geheimnisvolle hinter dem Konkreten und allzu Offensichtlichen zu wecken. Die symbolische Perspektive erlöst aus der vermeintlichen Eindeutigkeit und Gewöhnlichkeit des Alltäglichen und Vordergründigen und lässt diese transparent werden für die erstaunliche, unbegreifliche, schöpferische Komplexität des Lebens, für die spirituelle Tiefendimension des Daseins.

Schauspieler in einem göttlichen Drama

Ein solches Leben, in dem mit Hilfe einer symbolischen Einstellung die schöpferische Fülle und Transzendenz des Daseins erfahrbar wird, nennt C. G. Jung „das symbolische Leben".

> [...] wir haben alle das symbolische Leben dringend nötig. Nur das symbolische Leben kann den Bedürfnissen der Seele Ausdruck verleihen – den täglichen Bedürfnissen der Seele, wohlgemerkt! – Und da die Leute nichts dergleichen besitzen, können sie nie aus dieser Tretmühle herauskommen – aus diesem schrecklichen, zermürbenden, banalen Leben, wo sie „nichts als" sind. [...]
> Sie haben das Ganze einfach satt, die Banalität dieses Lebens, und deshalb wollen sie Sensationen. [...]:
> Sie sagen: „Gott sei Dank, endlich passiert etwas – etwas, das größer ist als wir!"

Diese Dinge gehen sehr tief, und es ist kein Wunder, daß die Leute neurotisch werden. Das Leben ist zu rational, es gibt keine symbolische Existenz, in der ich etwas anderes bin, in der ich eine Rolle spiele, meine Rolle als einer der Schauspieler im göttlichen Drama des Lebens. [...] Das gibt inneren Frieden, wenn Menschen das Gefühl haben, daß sie das symbolische Leben führen, daß sie Schauspieler im göttlichen Drama sind. Das ist das einzige, was dem menschlichen Leben einen Sinn verleiht; alles andere ist banal, und man kann es beiseite lassen.
Jung, GW 18/1 § 627 f.

Dementsprechend umfassend ist die Bedeutung, die das Erlernen der Symbolsprache und der kreative Umgang mit Symbolen für uns haben kann:

- Wenn wir lernen, auf die Fantasien, Bilder und Symbole zu achten, die aus unserer Seele aufsteigen, dann finden wir einen Zugang zu den heilenden und schöpferischen Kräften unseres Wesens. Symbole helfen uns, Unbewusstes bewusst zu machen, Konflikte zu erkennen und zu überwinden. Sie erschließen uns neue Lebensperspektiven, fördern und begleiten unseren Individuationsprozess. In den Symbolen unserer Träume und Imaginationen entdecken wir unsere Schattenseiten, unsere ungelebten Fähigkeiten und Ressourcen, umkreisen unsere Mitte.

- Der kreative, spielerische Umgang mit Symbolen stellt eine lebendige Beziehung zu unserem „Inneren Kind" her. Dadurch werden viele wertvolle Seiten von uns wieder erweckt und belebt, zum Beispiel Offenheit, Neugier, Experimentier- und Lernfreude, Sinnlichkeit, Lebenslust und Humor.

- Symbole inspirieren uns und schenken uns Visionen von neuen Zielen, Aufgaben und Taten. Wir können ihre faszinierende Wirkung nutzen, um uns für das, was wir in unserem Leben verwirklichen wollen, zu motivieren. Sie helfen uns, unser innerstes Ziel nicht aus den Augen zu verlieren und auch in schweren Zeiten durchzuhalten.

- Symbole führen uns zum Erleben der Ganzheit, denn sie verbinden die verschiedenen Polaritäten unserer Persönlichkeit und des Daseins. Sie zeigen uns, dass unsere seelischen Vorgänge und unser Körper, unsere bewussten und unbewussten, unsere männlichen und unsere weiblichen Seiten, aber auch unsere Innen- und Außenwelt unauflösbar zusammengehören. So vermitteln sie uns das Erleben einer tiefen Verbundenheit zwischen Menschen, Tieren, Natur und Umwelt. Sie lassen uns unsere verborgene Einheit mit der ganzen Existenz erahnen.

- Die Arbeit mit Symbolen vermittelt uns Einsicht in die geheimnisvolle, sich dauernd wandelnde und umgestaltende Welt unserer Seele. Sie offenbart einen geheimen Sinn hinter vielem, was uns unsinnig erscheint, eine überraschende Ordnung in vielem, was für uns nur das „reinste Chaos" ist. So schenkt sie uns Weisheit und Toleranz, um mit den wundersamen Phänomenen des Lebens behutsam und respektvoll umzugehen.

- Die Welt und uns selbst als symbolisch zu erfahren, lässt unseren eintönig gewordenen Alltag wieder in einem neuen, geheimnisvollen Licht, in neuem Glanz erscheinen. Indem wir unser alltägliches Dasein symbolisch erfassen, erwecken wir unseren Sinn für das Tiefsinnige und Abgründige, aber auch für das Schöne, das Zauberhafte unseres Lebens, für die unergründliche Fülle unserer Existenz.

- Symbole sind notwendige Begleiter auf dem Weg zu spiritueller und transpersonaler Erfahrung. Besser als jede rationale Sprache können sie auf jene letzte verborgene Wirklichkeit, auf jenes unergründliche Mysterium hinweisen, aus dem wir kommen, auf das wir zustreben und aus dem heraus wir alltäglich leben. Die letzten Wahrheiten und Erfahrungsdimensionen, die für Menschen fassbar sind, wurden von jeher in symbolischen, künstlerischen Gestaltungen, in Bildern, Gleichnissen, Parabeln, in Tönen und Gesten, in symbolischen rituellen Handlungen ausgedrückt.

Symbolisieren:
die Symbolsprache erlernen

Der Hauptzugang zu einem tieferen Verständnis des Symbolischen ist das „Symbolisieren", die Fähigkeit, uns selbst und die Welt unter symbolischer Perspektive, mit einem „symbolisierenden Blick", einer symbolisierenden Einstellung, betrachten zu können.

Das Symbolisieren hebt die Dinge und Ereignisse des inneren und des äußeren Lebens aus ihrer alltäglichen, gewohnten Bedeutung heraus und stellt sie in den „symbolischen Raum". Mit dem Symbolisieren schalten wir von der rational-eindeutig-begrifflichen Benennung auf die bildhaft-assoziativ-intuitive Betrachtungsweise um.

Wir könnten auch sagen: Wir setzen eine Art „magischer" Brille auf, eine „Zauberbrille", die die Welt für einen Augenblick aus ihrer grauen Eindeutigkeit und Eintönigkeit in eine farbige Vieldeutigkeit und Vielstimmigkeit verwandelt und ein geheimnisvolles Leben in ihr erweckt.

Beim Symbolisieren fragen wir uns einfach: „Was könnte das, was ich wahrnehme oder erlebe, noch alles bedeuten, wie ließe sich diese „Sache" symbolisch sehen?"

Was könnte das alles bedeuten?

Dabei versuchen wir nicht gleich, eine feste oder gar endgültige Interpretation oder Deutung zu finden, sondern gehen mit der Sache in einen inneren Dialog (siehe weiter unten), lassen erst einmal alle Erinnerungen, Fantasien, Einfälle und Gefühle zu, die spontan in uns aufsteigen: „Was ist so ähnlich? Welche Fantasien, Gefühle, Bilder entstehen, was klingt in mir an? An was erinnert mich das?"

Wir nehmen dabei eine offene, neugierige Haltung ein, in der wir spielerisch mit der „Sache" experimentieren, nach dem Motto der vier kreativen „F": frisch, frech, fröhlich, frei. Wir tun so, als würden wir der Sache oder

Das „Blut Christi" – symbolisch oder „wirklich"?

dem Ereignis zum ersten Mal in unserem Leben begegnen. Im Zen-Buddhismus wird dieses einfache, vorurteilsfreie Offensein für das „Hier und Jetzt", wie es sich gerade ereignet, als „Anfängergeist" bezeichnet.

Wenn wir diese „Zauberbrille" aufsetzen, können wir uns zunächst Zeit bei der Betrachtung der Sache lassen, uns gestatten, ein wenig verwirrt und desorientiert zu sein. Wir dürfen uns erlauben, erst einmal gar nichts zu sehen – so lange, bis die ersten Eindrücke und Einfälle kommen. Es lohnt sich, die etwas unangenehme Spannung, die vermeintliche Leere zuzulassen und sie nicht vorschnell mit den üblichen Gedanken und Deutungen zu füllen. C. G. Jung pflegte sich beispielsweise erst einmal selbst zu sagen, wenn er sich mit einem Traum auseinandersetzte: „Ich habe keine Ahnung, was dieser Traum bedeutet."

Wir bedürfen dazu eines inneren Freiraumes, in dem es keine Einschränkungen für unsere Einfälle, für unser Fühlen und Denken gibt. Vor allem kann unsere kritische und moralisierende Seite für eine Weile ganz zurücktreten. Sehr hilfreich ist auch eine große Portion Humor.

Am Anfang mag uns diese Art, die Welt zu betrachten, schwer zugänglich erscheinen und uns ratlos machen, nach und nach aber wird sie uns zur zweiten Natur, und wir beginnen zu spüren, wie sie uns für die Vielschichtigkeit und Tiefendimension des Lebens öffnet. Wir werden dann erleben, wie sehr uns unsere Neigung, alles möglichst klar und eindeutig zu machen, unfrei und unflexibel gemacht hat und wie viel fließender, lebendiger und abenteuerlicher das Leben wieder werden kann, wenn wir uns zugestehen, eigentlich fast gar nichts wirklich zu wissen.

Jedes gewöhnliche Ereignis unseres Lebens kann symbolisch angeschaut werden und dann erstaunliche Zusammenhänge und wundersame Perspektiven offenbaren. Es sind keine intellektuellen Kunststücke nötig, kein mühsames Lernen, sondern nur eine kleine Verschiebung im Blick auf ein Ereignis, um dessen symbolischen Teil zu erkennen und überrascht zu erwachen.

Gäbe es diese Sicht nicht, so gäbe es weder Lyrik, noch Literatur, noch Musik, Malerei, Bildhauerei, noch Kino, noch schöne Gebäude, das Schöne sowieso nicht, keine Blumengärten, Springbrunnen, keine Rätsel, kein Humor und kein Spiel. Vermutlich gäbe es vieles andere auch nicht, und die Nüchternheit und Langweile solchen Lebens wäre kaum vorstellbar.

Der Alltag wird so zu einer spannenden Übung. Wir lernen eine neue Sicht, die die alte, automatisierte vielleicht mit der Zeit ablösen kann. Auch „banale" Ereignisse und kleine Handlungen bekommen dann wieder eine tiefere Bedeutung und sind nicht nur lästiger Übergang zur nächsten.

Grundsymbole lernen

Das Symbolisieren, der „symbolisierende Blick" kann auch dadurch geübt werden, dass wir uns einige Grundlagen des symbolischen Betrachtens und Erlebens systematisch erarbeiten. Zum kleinen „ABC" der Symbolarbeit könnten etwa folgende Symbolbereiche gehören: geometrische Grundformen, Farben, Raum, Bewegung, Natur, Tiere, Körper und Körpersprache, archetypische Grundsymbole, wie sie z. B. im therapeutischen Sandspiel genutzt werden.

Zu einer Sandspiel-Grundausstattung gehören etwa folgende symbolisch zu verstehende Objekte: Menschenfiguren unterschiedlichster Art und unterschiedlichsten Alters aus Familie, Beruf, Freizeit, auch Figuren wie Ritter und Soldaten, Märchen- und Fabelfiguren (wie Monster, Hexe, Zauberer, Nikolaus,

Schneemann); Tiere (Haustiere, Nutztiere, wilde Tiere, Zootiere, Dinosaurier, Vögel, Fische, Schlangen, Krokodile); Gegenstände, die sich als Wohnung, Kulisse oder zum Landschaftsaufbau eignen (Möbel, Häuser, Bäume, Bausteine, Zäune usw.); Fahrzeuge (Autos, Lastwagen, Schiffe, Motorräder, Züge, Panzer, Jeeps, Flugzeuge, Raketen, Krankenwagen, Polizei- und Feuerwehrautos, Müllwagen); außerdem Naturmaterialien wie etwa Holz, Federn und Moos; weiterhin Schmuck, Edelsteine, Perlen, Glaskugeln, religiöse Symbole und Göttergestalten. Auch können mitgebrachte und selber hergestellte Objekte einbezogen werden.

Ohne dass die sandspielenden Kinder, Jugendlichen und Erwachsenen im Einzelnen angeben könnten, was diese Objekte und Materialien alles symbolisch aussagen, verwenden sie diese doch intuitiv erstaunlich stimmig zur szenischen Darstellung ihrer psychischen Situation, ihrer Konflikte und Potenziale (vgl. auch den Artikel zum Sandspiel in diesem Heft).

Mit Symbolen „arbeiten"

In der Religions-, Kunst- und Kulturgeschichte, in Pädagogik, Psychologie und Psychotherapie wurden sehr viele Methoden gefunden, um mit Symbolen schöpferisch zu leben. Denken wir nur an die vielen symbolischen Handlungen, Rituale, Gesänge, Gebete im religiösen Kontext.

Die im Folgenden zusammengefassten Methoden sind nicht so zu verstehen, dass jeweils alle Methoden in der vorgegebenen Reihenfolge abzuarbeiten wären. Sinnvollerweise wird immer mit derjenigen Methode gearbeitet, die in der aktuellen Situation, der Persönlichkeitsstruktur und im Hinblick auf die angestrebten Ziele am Besten geeignet ist. Auch wenn als Grundregel der Symbolarbeit „Erleben vor Deuten" gilt, kann es durchaus zweckmäßig und notwendig sein, schon bald die Deutungsfrage zu stellen: „Was glauben wir, hat das Symbol mit uns und unserer aktuellen Lebenssituation zu tun?"

Zudem ist es so, dass sich die einzelnen Methoden ohnehin nicht strikt voneinander trennen lassen, sondern in der Praxis fließend ineinander übergehen und sich abwechseln. Eine detailliertere Übersicht über mögliche Methoden findet sich in Müller/Knoll 2013.

Eine kurzgefasste Zusammenfassung lässt sich unter www.opus-magnum.com herunterladen.

Aktualisieren

Mit Aktualisieren ist gemeint, dass das Symbol in den Mittelpunkt des Interesses gebracht und in seiner Wirkung so intensiv wie möglich erlebt wird. Hierzu ist es hilfreich, wenn ein äußerer und inneren Frei- und Spielraum (vertrauensvoller geschützter Rahmen, genügend Zeit und Motivation) geschaffen wird, in dem es möglich ist, allen Fantasien und Gedanken ohne Bewertung und Zensur zu folgen.

Ein Symbol kann auch sehr intensiv dadurch aktualisiert werden, dass man sich mit ihm einfühlend identifiziert und aus ihm heraus fühlt, denkt, wahrnimmt, fantasiert und spricht, z. B. „Ich bin die Rose. Ich beginne gerade aufzublühen, aber keiner sieht und bewundert mich. Das macht mich traurig (...)." Indem man mit dem Symbol ein Zwiegespräch führt, kann man es alles fragen, was man von ihm wissen will, und erfährt intime Dinge, an die man sonst nie gedacht hätte.

Betrachten

Mit Betrachten ist ein eher geistiges Umkreisen des Symbols gemeint, das die mehr erlebensmäßig orientierte Stufe des Aktualisierens in assoziativ-meditativ-kontemplativer Weise vertieft.

Das Betrachten dient der Anreicherung des Symbols mit Einfällen aus der persönlichen Lebensgeschichte und allgemein-menschlichen Zusammenhängen, ist aber noch keine Deutung. Zentrale Methoden hierfür sind beispielsweise die klassische „freie Assoziation" – „Was fällt mir alles dazu ein?" – oder die „Amplifikation" (Erweiterung, Ausweitung).

Im Gegensatz zur freien Assoziation, die sich von einer Assoziation zur nächsten immer weiter von dem ursprünglichen Symbol entfernen kann, wird mit der Amplifikation das Symbol immer wieder erneut fokussiert, umkreist und mit verschiedenen Aspekten, zu denen neben persönlichen Einfällen auch solche aus allgemein-menschlichen Zusammenhängen gehören, angereichert.

„Von Anfang an wurde der Turm für mich zu einem Ort der Reifung – ein Mutterschoß, oder eine mütterliche Gestalt, in der ich wieder sein konnte, wie ich bin, war und sein werde. [...] In Bollingen bin ich in meinem eigentlichsten Wesen, in dem, was mir entspricht." (Jung/Jaffé, *Erinnerungen*, S. 229)

Kreativ gestalten

Hier sind der schöpferischen Fantasie keine Grenzen gesetzt. Manchmal legt die Art des Symbols die Gestaltungsform nahe, manchmal muss erst die adäquate Gestaltungsform gefunden oder erfunden werden. Um hier nur die häufigsten Arten aufzuzählen: Imaginieren, Malen und Zeichnen, Schreiben, Dichten, Singen, Körperbewegung, Tanzen, Musizieren, Spielen, Inszenieren, Dramatisieren, Ritualisieren ...

C. G. Jung hat ja bekanntlich die verschiedensten kreativen Ausdrucksformen selber genutzt und für therapeutische Zwecke entdeckt. Auch der Turm in Bollingen, den er selbst entworfen hatte und an dessen Bau er mit eigenen Händen beteiligt war, besaß für ihn einen hohen symbolischen Wert. Aber diese Form der Kreativität, die sich in individuellen architektonischen Gestaltungen verwirklicht, dürfte nicht allen Menschen möglich sein.

Deuten: Das Symbol verstehen

Oft wird gedacht, das genaue Deuten und Interpretieren eines Symbols oder Traums sei der wesentliche Aspekt einer Symbol- oder Traumarbeit. Das führt aber am Wesen des Symbolischen vorbei, denn letztlich lässt sich ein Symbol nicht wirklich rational verstehen.

Und immer auch besteht die Gefahr, dass man es durch eine Deutung verfehlt und die schöpferische Potenz in ihm nicht nutzt, weil man es vorschnell und eindeutig festlegt. Andererseits will man natürlich auch verstehen, was ein Symbol bedeutet. Das ist legitim und auch hilfreich, nur muss man sich dabei immer bewusst bleiben, dass die Deutung eine vorläufige, versuchsweise Annahme ist. Wenn sich C. G. Jung zu Beginn einer Arbeit mit einem Traum immer selbst sagte: „Ich habe keine Ahnung, was dieser Traum bedeutet", so gilt das nicht nur für den Anfang, sondern auch für das Ende der Auseinandersetzung damit.

Man könnte einwenden: „Wenn das so ist, und man überhaupt niemals weiß, was ein Symbol wirklich bedeutet, dann braucht man sich ja eigentlich auch gar nicht mit dem Symbol zu beschäftigen. Was soll das denn bringen?"

Hier ist dann wichtig, daran zu erinnern, dass die meisten Lernprozesse nicht hauptsächlich durch bewusste Verbalisierungen geschehen, sondern viel eher unterschwellig, implizit ablaufen. Auch schon bei den zuvor skizzierten Methoden werden natürlich immer auch deutende Bezüge zu sich und dem eigenen Leben hergestellt, oft aber auf eine intuitive, implizite Art, die sich schlecht beschreiben lässt. Das „Unbewusste" lernt ständig mit, auch beim Imaginieren, Fantasieren, Spielen und kreativen Gestalten.

Vermutlich sind es gerade diese impliziten Lernvorgänge, die in einer therapeutischen Beziehung wirksam sind. Klient*innen und Therapeut*innen können bei einer Therapie oft gar nicht genau sagen, was hilfreich und heilsam ist. Manchmal wird ganz allgemein gesagt, es sei die vertrauensvolle Art der Beziehung, aber es wird natürlich in dieser gelernt, z. B. schon allein dadurch, wie Therapeut*innen sich nonverbal verhalten, wie sie auf belastende Themen und Konflikte reagieren. Daraus leiten Klient*innen für sich ab, wie man mit diesen Themen umgehen kann. Dieses implizite Lernen am Modell lässt sich nicht genau benennen, weil es eben weitgehend unbewusst geschieht.

Subjektstufe

In der Analytischen Psychologie werden zwei Perspektiven unterschieden, unter denen man ein Traum-Symbol betrachten kann: Die „Subjektstufe" und die „Objektstufe". Bei der Subjektstufe wird das zu bearbeitende Symbol unter der Perspektive der Persönlichkeit und ihrer Entwicklung betrachtet, so lässt sich beispielsweise fragen:

Aktualität: Was ist der aktuelle Lebenskontext und der mögliche aktuelle Auslöser für das Symbol? Gab es Versuchungs- oder Versagungssituationen?

Psychogenese: Was könnte das Symbol mit der frühkindlichen Situation, der Enkulturation und Sozialisation, den bisherigen Lebenserfahrungen zu tun haben?

Persönlichkeit: Stellen sich zentrale Bedürfnisse, Wünsche, Konflikte und Komplexfelder dar? Wie zeigen sich Persönlichkeitseigenschaften und - typologien?

Ressourcen: Wie stellen sich finale, prospektive Entwicklungstendenzen, Potenziale, Begabungen, konstruktive, zukunftsweisende Möglichkeiten dar?

Kompensation: Zeigen sich im Symbol Aspekte, die eine einseitige Ausrichtung und Orientierung der Persönlichkeit auszugleichen versuchen?

Therapeutische Beziehung: Finden sich im Symbol Bezüge zur therapeutischen Situation und Beziehung? (Übertragung, Gegenübertragung, Widerstand ...)

Bei dieser letzten Fragestellung ist der Übergang zur Objektstufe impliziert. Zum einen ließe sich ja überlegen, welche eigenen Anteile werden auf eine andere Person übertragen / projiziert oder welche Aspekte der anderen Person werden sichtbar, die aber bisher nicht wahrgenommen wurden? Auch wenn es natürlich so ist, dass wir uns immer in unserer eigenen psychischen Wirklichkeit befinden, so leben wir doch auch in Beziehungen zu anderen Menschen und zur Welt, die nicht nur etwas mit uns zu tun haben, sondern auch eine von uns unabhängige Eigenart und Dynamik besitzen.

Objektstufe

Die „Objektstufe" fragt also nach dem, was das Symbol mit der anderen Person oder dem anderen Objekt zu tun haben könnte. Haben wir dort etwas übersehen oder sollten wir bei etwas genauer hinschauen? Und über die Personen und Objekte im engeren Sinne hinaus kann man auch überlegen, inwieweit das symbolische Ereignis mit aktuellen gesellschaftlichen und auch globalen Zeitproblemen zu tun haben kann. In einer Zeit, in der wir zunehmend global vernetzt sind und die Geschehnisse fast zeitgleich auf der ganzen Welt beobachten können, wird dieser Faktor über das Subjektstufige hinaus eine zunehmende Rolle spielen.

Integration ins Leben

Der Sinn und die Bedeutung eines symbolischen Ereignisses erschließen sich oft erst dann, wenn sie im Alltag und in der Beziehung zu anderen Menschen gelebt und erfahren werden. Immer wird in der therapeutischen Arbeit deshalb auch der Frage nachgegangen, wie die erarbeiteten Einsichten im praktischen Leben integriert werden können.

Schattenseiten des Symbolischen

Wenn wir uns auf die faszinierende, geheimnisvolle, paradoxe und kreative Welt der Symbole einlassen und uns ihre vielen positiven Wirkungen erschließen wollen, dann müssen wir uns auch über ihre Schattenseiten im Klaren sein. Gerade auch diejenigen Aspekte der Symbole, die ihre schöpferische, sinnstiftende und heilende Kraft ausmachen, können eine ganz gegenteilige, eine destruktive und selbstentfremdende Wirkung haben, wenn wir ihre Gefahren und ihre geheimen Untiefen nicht erkennen.

Das „Wasser des Lebens", positiv ein Sinnbild für die dynamische Fülle und die erneuernde, belebende Wirkung des Symbolischen, kann uns auch leicht überfluten, sodass wir in der verwirrenden Vielfalt der Möglichkeiten ertrinken und alle schöpferische Dynamik sich im Chaos auflöst.

Verwechslung von Symbolischem und Konkretem

Eine der häufigsten Schwierigkeiten im Umgang mit dem Symbolischen ist die Neigung, das Symbol mit dem Konkreten zu verwechseln. Dies liegt vor allem daran, dass es sich bei der wahrgenommenen äußeren Wirklichkeit ja auch nur um eine von mehreren Wirklichkeitsinterpretationen handelt und der Übergang zwischen symbolischen Vorstellungen und den so genannten „konkreten" und „realistischen" sehr fließend ist.

Am eindrücklichsten erfahren wir das in der Liebe: Die Überzeugung, dass die oder der Geliebte tatsächlich jene so heiß ersehnte Symbol- und Traumgestalt ist, die den Himmel auf Erden verspricht, ist anfänglich oft so stark, dass alles bessere Wissen und alle Erfahrung sie nicht relativieren können. Es ist dann unmöglich zu sehen und zu verstehen, dass der andere Mensch seine faszinierende Wirkung deshalb in diesem Ausmaß auf uns ausüben kann, weil er etwas symbolisiert, was einer tiefen Sehnsucht von uns entspricht.

Dass der geliebte Mensch auch ein Symbol meines inneren Sehnsuchtsbildes von einer ideal zu mir passenden Frau oder einem ideal zu mir passenden Mann ist, die es in der äußeren Realität sehr wahrscheinlich gar nicht gibt, dies erfasse ich oft nur – wenn überhaupt – nach langen Verwirrungen, Konflikten und Enttäuschungen.

„Babylonische" Sprachverwirrung

Symbolische Begriffe sind einerseits sehr plastisch und universell, andererseits aber auch vieldeutig, sodass sich daraus Schwierigkeiten ergeben können, wenn wir miteinander reden wollen. Wenn wir symbolisch sprechen, können wir nie sicher sein, ob unser Gesprächspartner ungefähr das Gleiche darunter versteht wie wir selbst. Das ist schon bei einer alltäglichen Konversation der Fall, vielmehr noch, wenn wir uns über Symbolisches austauschen. Das kann zu einer sehr gehemmten Kommunikation führen.

In religiösen, psychologischen oder künstlerischen Kreisen, in denen oft mit symbolischen Begriffen kommuniziert wird, beschleicht uns leicht ein ungutes, flaues Gefühl der Unwissenheit und Minderwertigkeit. Weil wir nicht wissen können, was der andere wirklich meint, haben wir nur vage Vermutungen darüber.

Um unsere vermeintliche Dummheit und Unkenntnis nicht zu zeigen, fragen wir nicht klärend nach, was der Andere genau meint, sondern wir schweigen oder tun so, als würden wir den hochinteressanten Ausführungen zustimmen. Wir kommunizieren also nicht wirklich miteinander, sondern wir tun nur so, als ob. Das erinnert an Andersens Märchen von des Kaisers neuen Kleidern, in dem keiner dem Kaiser zu sagen wagt, dass er gar keine wundervollen Kleider anhabe, aus Angst, für dumm und inkompetent gehalten zu werden.

Reduktive Vereinfachungen

Um die spannungsreiche und unangenehme Widersprüchlichkeit, Komplexität und Vieldeutigkeit nicht aushalten zu müssen, kann man versucht sein, Symbole auf eindeutige Interpretationen zu reduzieren. Alles Längliche, Aufstrebende und Eindringende wird als „phallisch" und als Penis gedeutet, alles Runde, Sich-Öffnende und Aufnehmende wird als Symbol des weiblichen Genitales interpretiert, alles Untere wird zum Symbol des „Unbewussten", alles Fließende zum Symbol der „Libido".

Man begegnet diesem vereinfachenden und konkretisierenden Vorgehen beispielsweise auch in populären psychosomatischen Vorstellungen, wenn aufgrund isolierter Krankheitssymptome symbolisch deutend auf deren psychische Ursache geschlossen wird: Wenn einer einen Schnupfen hat, dann ist er „verschnupft" oder hat „die Nase voll", wenn einer Magenbeschwerden hat, dann ist ihm eben etwas „auf den Magen geschlagen" oder „er hat zu viel Wut in sich hinein gefressen". Rückenleiden werden als Ausdruck mangelnder innerer Aufrichtigkeit, Herzbeschwerden als „Engherzigkeit" interpretiert.

Eine vereinfachte symbolische Übersetzung einer Krankheitssymptomatik ist gefährlich. Auf diese Weise können ernsthafte körperliche Erkrankungen übersehen oder verharmlost werden, irrationale, abergläubische Behandlungsmethoden versucht und eine angemessene notwendige medizinische Behandlung versäumt werden.

Darüber hinaus werden Menschen, deren Leiden schon schwer genug zu tragen ist, mit zusätzlichen Schuldzuschreibungen, Verantwortlichkeiten und vermeintlichen Charaktermängeln belastet, mit denen sie sich jetzt auch noch herumplagen müssen.

Verlust des Realitätsbezuges

Die intensive Beschäftigung mit Symbolen und den mit ihnen verbundenen seelischen Dimensionen hat bei manchen Menschen einen regressiven Charakter, das heißt, es werden ursprünglichere, „primitivere" Formen des Denkens und Erlebens wieder belebt. Durch eine zu starke Beschäftigung mit Symbolen kann es zu einer Überbetonung der Fantasie – beziehungsweise sogenannter primärprozesshafter Vorgänge – und zu einer Dominanz magisch-mythischen Erlebens und Verhaltens kommen. Zwischen Innen und Außen, Körperlichem und Psychischem, Ich und Du, und besonders auch zwischen konkretem Objekt und Symbol kann dann vielleicht nicht mehr deutlich genug unterschieden werden. Daraus können sich leicht magische, abergläubische und paranoide Vorstellungen und Verhaltensweisen entwickeln.

Der Rückfall in prälogisches, abergläubisches Denken und Erleben ist mit einer Zunahme von Angst, Unfreiheit und zwanghaften Vorstellungen verbunden. Die Vorgänge der Innen- und der Außenwelt werden zunehmend als bedrohlich empfunden, und oft entwickeln sich dann gegen solche Bedrohung unbewusste magische Abwehrrituale.

Im Extrem führt ein Rückfall in das magische Denken und Erleben zu Verschwörungsmentalität oder psychotischen Verfolgungsängsten oder umgekehrt zu Allmachts-, Rettungs- und Größenfantasien, in denen wir dann glauben, unsere Gedanken könnten die Mitmenschen oder gar das ganze Weltgeschehen auf magische Weise steuern.

Diese Warnungen mögen hier etwas ernüchternd klingen und die vorherigen Höhenflüge in die Bedeutsamkeit der Welt der Symbole dämpfen. Dennoch sind sie wichtig – gerade weil es um das symbolische Leben geht, dessen Schattenseiten wir gründlich kennen müssen, wenn wir uns sicher in ihm bewegen wollen.

Literatur

Cassirer, E. (1994): Philosophie der symbolischen Formen. Darmstadt: Wiss. Buchgesellschaft.

Jung, C. G. et. al (1968): Der Mensch und seine Symbole. Olten: Walter.

Jung, C. G. (1939/1981), GW 18/1, Olten Walter.

Müller, L., Knoll, D. (2013). Ins Innere der Dinge schauen. Stuttgart: opus magnum.

Lutz Müller
Prof. Dr. phil., Dipl.-Psych., Analytischer Psychotherapeut, ehem. Vorsitzender der Deutschen Gesellschaft für Analytische Psychologie, Mitherausgeber des Jung-Journals, zahlreiche Veröffentlichungen.

Der Traum ist die Sprache des universalen Menschen

Erich Fromm[1]

Wir alle glauben, dass wir nur eine Sprache beherrschen. Wir nennen sie unsere Muttersprache. Vielleicht haben wir auch noch einige Fremdsprachen gelernt: Französisch, Englisch, Italienisch. Wir vergessen dabei, dass wir alle noch eine andere Sprache sprechen, nämlich die Sprache der Träume. Diese Sprache ist sehr merkwürdig. Es handelt sich um eine universale Sprache, die zu allen Zeiten in der menschlichen Geschichte und in allen Kulturen vorkam. Die Traumsprache eines Primitiven, die Traumsprache von Pharao in der Bibel, die Traumsprache eines Einwohners von Stuttgart oder von New York ist fast ganz genau dieselbe. Wir sprechen diese Sprache jede Nacht. Obwohl wir meistens vergessen, was wir geträumt haben, und deshalb meinen, wir hätten nicht geträumt, träumen wir doch Nacht für Nacht.

Was sind nun die Eigenarten dieser Traumsprache? Zunächst einmal ist sie eben eine Nachtsprache, eine Schlafsprache. Es ist, als ob wir Französisch nur in der Nacht sprechen könnten und am Tag kein Wort verstünden. Es ist außerdem eine Symbolsprache. Wir können sagen, dass diese Sprache in konkreter Form mit Bezug auf sinnliche, fast greifbare, sehbare Dinge innere Erlebnisse ausdrückt, dass das Äußere für etwas Inneres steht, das Ding für ein Erlebnis. Das ist wie in der Dichtung: Wenn ein Schriftsteller sagt: „Die rote Rose macht mein Herz warm", dann meint niemand dass die Temperatur steigt, denn er bezieht sich damit auf ein Gefühl, auf ein Erlebnis, das er ausdrückt in der Form eines konkreten physischen Ablaufes.

Vielleicht erläutert ein Beispiel von einem sehr interessanten Traum, was ich meine. Sigmund Freud hat ihn geträumt und erzählt.

Das ist der Traum vom Herbarium; er ist sehr kurz. Freud träumte, dass er ein Herbarium habe, und in dem Herbarium befinde sich eine getrocknete Blume. Das ist alles. Er hat dazu einige Einfälle, und zwar: Diese Blume ist die Lieblingsblume seiner Frau, und seine Frau beklagte sich öfters, dass er ihr nie Blumen bringe. Zugleich aber hat diese Blume etwas zu tun mit dem Kokain, das er fast zur gleichen Zeit wie der Entdecker des Kokains für medizinische Zwecke wahrgenommen hatte.

Das ist ein einfaches Symbol: die Blume im Herbarium. Es bedeutet aber sehr viel. Es sagt etwas aus über einen der wesentlichsten Züge in Freuds Persönlichkeit. Die Blume ist ein Symbol der Liebe, auch der Sexualität, des Erotischen, des Lebendigen. Aber die Blume im Herbarium ist eine vertrocknete Blume, die nur noch einen ganz anderen Zweck hat, nämlich den der wissenschaftlichen Inspektion. Sie wird untersucht als Gegenstand der Forschung, aber nicht mehr erlebt als etwas Blühendes, Lebendiges.

Wenn man sich Freuds Haltung zu Liebe und zu Sexualität ansieht, dann bemerkt man tatsächlich: Er hat sie zwar zum Gegenstand der wissenschaftlichen Untersuchung gemacht, aber er war im Leben eher ein etwas prüder, scheuer Mann. Noch Anfang der vierziger Jahre schrieb er einmal einem Freunde, wie sehr es ihn überrascht habe, dass er eine Frau sah, die er attraktiv fand.

Das ist nur ein Beispiel für die Erlebnishaltung von Freud in einem Alter, in dem die meisten Männer über ein solches Erlebnis nicht so erstaunt wären. Hier haben wir also ein Symbol vor uns, und man findet in diesem kleinen Symbol, das nur weniger Worte bedarf,

1 Quellennachweis: Vortrag im Süddeutschen Rundfunk 1971." Abdruck der Textfassung in der Erich Fromm-Gesamtausgabe in 12 Bänden, Band IX, S. 311-315 mit freundlicher Genehmigung durch die Literarische Rechteverwaltung von Erich Fromm. Copyright by The Literary Estate of Erich Fromm, Tübingen.

Eine vertrocknete Rose: Was kann sie alles symbolisieren?

um beschrieben zu werden, tatsächlich eine Charakterisierung Freuds, über die man viele Seiten schreiben müsste, um das genau wiederzugeben, was dieser kurze Traum in seiner symbolischen Sprache mitzuteilen vermag.

Eine weitere Erkenntnis der Traumsprache ist die, dass wir im Traum viel mehr über andere und über uns wissen, als uns im Wachsein bewusst ist. Wir sind - und ich komme gleich darauf zurück - im Traum zwar in gewisser Weise irrationaler, aber in gewisser Weise auch viel weiser, viel einsichtsvoller als im Wachsein. Das zeigt ja auch das Beispiel von Freud: Er war sich dieses Wesenszuges wohl kaum bewusst, wie man an seiner eigenen Analyse erkennen kann; aber in seinem Traum hat er seine zwiespältige, doppelwertige Stellung zu dem, was die Blume symbolisiert, klar erkannt.

Damit hängt wiederum ein Zug der Traumsprache zusammen, der im allgemeinen nicht genügend gewürdigt wird, wenn von Träumen gesprochen wird: Die meisten Menschen (ich sage „die meisten"; wir haben jedoch keine Statistik darüber, so sollte ich vielleicht vorsichtiger nur von „vielen Menschen" oder am besten von der Mehrzahl der Menschen reden, die ich in der analytischen Praxis gesehen habe) sind im Traum in einer Weise kreativ, wie sie sich es im Wachleben überhaupt nicht träumen ließen.

Im Traum werden sie zu Schöpfern von Erzählungen, von Gedichten, von Mythen - dieselben Menschen, die im Wachzustand nichts von alledem, auch mit der größten Mühe nicht, zustande bringen würden. Wie viele Träume habe ich gehört, die man wörtlich veröffentlichen könnte und die es aufnehmen würden mit mancher Kurzgeschichte von Kafka.

Und doch, wenn derselbe Mensch wach ist, und man wollte ihm sagen: „Ja, schreib doch mal eine Kurzgeschichte wie Kafka", dann würde er einen ansehen, als ob man nicht bei Trost wäre. Und sicherlich wäre es für ihn unmöglich. Im Traum ist er ein Dichter, ein Künstler, derselbe Mensch, der im Wachsein alle diese Fähigkeiten verloren hat. Ja, man könnte sogar zugespitzt einen schöpferischen Künstler dadurch definieren, dass man sagt: Er ist ein Mensch, der schöpferisch ist, ohne zu schlafen, das heißt, er ist schöpferisch, obwohl er wacht. Am Tage entspricht der Mensch einer bestimmten Kultur. Was wir am Tage sagen, das hängt sehr davon ab, wo wir geboren sind. Ein Afrikaner, der einem Jägerstamm angehört, spricht über andere Dinge und in anderen Kategorien als unsereiner - das versteht sich von selbst. Was wir sprechen, ist gesellschaftlich bedingt. Im Traum aber sprechen wir eine universale Sprache. Unsere Tagsprache, die wir für unsere Muttersprache oder für eine Fremdsprache halten, ist immer eine gesellschaftlich bedingte Sprache. Die Traumsprache dagegen ist eine universale Sprache, die Menschheitssprache.

Wie erklären wir nun diese Eigenschaft? Zunächst muss ich auf etwas eingehen, was vielleicht kompliziert erscheint, aber in Wirklichkeit doch recht einfach ist, nämlich auf den Unterschied zwischen Wachsein und Schlafen. Wir leben ja in zwei Existenzformen, die uns so selbstverständlich sind, dass wir uns ihrer oft gar nicht bewusst werden: Einen Teil unseres Lebens verbringen wir wachend und einen anderen Teil schlafend.

Was heißt das aber: wir sind wach? Wenn wir wach sind, sind wir in einem Zustand, in dem wir für unser Leben sorgen müssen: Wir müssen arbeiten, wir müssen das erwerben, was wir brauchen, um leben zu können; wir müssen uns verteidigen gegen Angriffe; kurz: wir müssen „kämpfen und fechten".

Das hat Folgen für unser Handeln, und es hat Folgen für unser Denken. Für unser Handeln: Wir müssen uns einordnen, wir müssen uns so verhalten, wie es die Gesellschaft, in der wir leben, erwartet, damit wir produzieren, damit wir arbeiten können.

Aber - was wichtiger ist - es hat auch einen großen Einfluss auf die Kategorien unseres Denkens und auf unser Fühlen. Am Tage müssen wir die Dinge so sehen, wie wir sie sehen müssen, um sie zu manipulieren, um mit ihnen umzugehen, um sie zu benutzen, um etwas aus ihnen zu machen.

Wir müssen uns vernünftig benehmen, und „vernünftig" heißt: so wie die anderen, so, dass die anderen uns verstehen, aber auch so, dass sie uns mögen und nicht meinen: Das ist ja ein ganz abwegiger oder verrückter Mensch. So denken und fühlen wir, was der „gesunde Menschenverstand" und das sogenannte „gesunde Gefühl" uns vorschreiben. Wir denken und fühlen, dass wir alle unsere Eltern lieben, dass sie und alle anderen Autoritäten das Beste nicht nur wollen, sondern auch das Beste wissen und tun, und was der Dinge mehr sind. Wir fühlen uns glücklich oder heiter, wenn der Anlass es gebietet, und traurig, wenn der Anlass es anders gebietet, obwohl wir in Wirklichkeit manchmal gar nichts fühlen, sondern nur denken, dass wir es fühlen, weil wir ein fröhliches oder ein trauriges Gesicht aufsetzen.

Und wir denken nicht, was absurd erscheint, „weil nicht sein kann, was nicht sein darf". Das schönste Beispiel dafür kennt man aus Andersens Märchen von den Kleidern des Kaisers: Der Kaiser ist nackt, alle Erwachsenen denken, er hat wunderbare Kleider an, weil man das ja erwartet; nur der kleine Junge sieht, er hat gar keine Kleider an, weil sein Denken noch nicht so geformt ist wie das Wachdenken der meisten Menschen. Wir tun, denken und fühlen, was man von uns erwartet, wenn wir wach sind.

Ich wähle ein anderes Traumbeispiel, welches dasselbe illustriert. Ein Manager hat eine hohe Position in einem Unternehmen; es ist nur ein Direktor über ihm. Und bewusst sagt er: Ja, er steht mit dem Chef sehr gut, er mag ihn gerne, er hat gar keine Schwierigkeiten mit ihm. Dann hat er einen Traum: Er sieht sich gefesselt, mit Telefondraht sind ihm seine Hände zusammengeschnürt, und das Telefon hängt noch an einer Seite herunter. Und er sieht diesen Direktor auf der Erde neben sich liegen, anscheinend schlafend, und er spürt eine ungeheure Wut. Er entdeckt einen Hammer, nimmt ihn mit beiden Händen und versucht, den Kopf des Direktors zu zerschmettern. Er trifft, aber nichts passiert; der Direktor schlägt die Augen auf und lächelt ihn ironisch an...

Das heißt: Während der Mann glaubt, dass er zu seinem Direktor ein gutes Verhältnis hat, gibt uns sein Traum zu erkennen, dass er diesen Vorgesetzten in Wirklichkeit hasst, sich gefesselt, unterdrückt, gebunden fühlt und ihm gegenüber ganz impotent und machtlos ist. Das ist die Wirklichkeit, die er im Traum erlebt. Im Wachsein ist sie - zumindest scheinbar - verschwunden.

Was geht denn im Schlafzustand vor? Wir sind frei. Das ist merkwürdig und klingt vielleicht befremdlich. Aber in gewisser Weise kann man sagen: Nur wenn wir schlafen, sind wir frei, das heißt, da haben wir keine Verantwortung für unseren Lebenskampf, wir brauchen nichts zu erobern, wir brauchen uns nicht zu verteidigen, wir brauchen uns nicht anzupassen, wir denken und fühlen, was wir denken und fühlen. Unser Denken und Fühlen erlangen im Schlaf äußerste Subjektivität. Im Schlaf brauchen wir nichts zu tun, wir brauchen bloß zu sein. Im Schlaf haben wir keine Zwecke. Wir können die Welt so erleben, wie sie uns erscheint, wie wir sie wirklich sehen, und nicht, wie sie uns erscheinen soll, um irgendeinen Zweck zu erfüllen.

Anders ausgedrückt: Im Schlaf erscheint das Unbewusste auf der Bühne. Das Unbewusste ist aber gar nichts Mysteriöses; es bedeutet nur: Im Schlaf erscheint das, was wir im Wachsein nicht wissen, als das, was wir wissen, und umgekehrt: Im Wachen wissen wir nicht das, was wir im Schlaf wissen. Man kann sogar sagen: Im Wachen ist das Schlafbewusste unbewusst, und im Schlafen ist das Wachbewusste unbewusst. Es sind zwei verschiedene Ebenen: die eine ist im Schlafen, die andere im Wachen bewusst oder unbewusst.

Heißt das nun, dass wir im Schlafen irrationaler, triebhafter sind? Manchmal gewiss, aber durchaus nicht immer, nicht einmal in den meisten Fällen, obwohl Freud geglaubt hat, dass der Traum immer das Irrationale gegen das Rationale ausdrückt.

Wir haben jedoch, wie gesagt, sehr häufig im Traum eine größere Einsicht, eine größere Weisheit, weil wir unabhängiger sind, weil wir ohne Scheuklappen schauen und empfinden können. Sogar im Schlaf zensieren wir unseren Traum, wagen wir nicht, die Freiheit der Träume anzunehmen, sondern verändern und verdecken den wahren Trauminhalt, wie man das tun würde, wenn man nicht will, dass ein anderer versteht, was man eigentlich meint. In diesem Fall: Man will sich selbst im Schlaf nicht ganz verstehen. Darum pflegen wir den Traum zu vergessen; denn die meisten unserer Träume würden in das Leben des Wachseins nicht hineinpassen; sie würden nur stören und uns irritieren.

Wir sind im Traum schöpferischer. Wir entfalten im Traum Fähigkeiten zur Kreativität, die wir im Wachsein nicht kennen, nicht ahnen. Ich denke zum Beispiel an den Traum eines Mannes, der auch ein erfolgreicher Manager ist. (Die Träume, die ich hier erzähle, stammen üb-rigens nicht von Patienten von mir, sondern sie sind Studien entnommen, die Manager-Persönlichkeiten gewidmet waren.) Dieser Mann fühlte sich sehr glücklich, weil er erfolgreich war. Und tatsächlich, seinem Einkommen und seinem Einfluss nach muss er sich so fühlen; denn wir fühlen ja meistens das, was wir fühlen sollen. Also dieser Mann fühlt sich auch sehr glücklich - und dann hat er einen Traum. Im ersten Teil dieses Traumes ist er an einem kleinen See. Der See ist schmutzig, es ist dunkel, es ist eine hässliche, unschöne Atmosphäre. Und er erinnert sich - nach dem Traum - , dass dieser See tatsächlich genauso ist wie ein See, in dessen Nähe seine Eltern wohnten. Es ist eine unerfreuliche Erinnerung nicht nur an den See, sondern auch an die Stimmung, an das Traurige und Armselige seiner Kindheit.

In der zweiten Szene sieht er sich in einem der teuersten Automobile auf einer hochmodernen Landstraße einen Berg hinauffahren, mit großer Geschwindigkeit und mit einem Gefühl der Macht und des Erfolgs - und ist glücklich. Und dann kommt noch eine dritte Szene. Sie ereignet sich, nachdem er die höchste Stelle erreicht hat. Plötzlich sieht er sich in einem Pornographieladen. Er ist ganz allein - in dem Auto war er zusammen mit seiner Frau - , kein Mensch ist jetzt da, alles ist staubig und schmutzig, und er fühlt sich vollkommen einsam und verlassen.

Dieser Traum sagt uns, was er in Wirklichkeit über sein eigenes Leben, über sein Schicksal fühlt. Ganz einfach ausgedrückt: Als Kind war alles traurig und schmutzig, jetzt bin ich der erfolgreiche Mann, der mit rasender Geschwindigkeit zum Gipfel des Erfolgs fährt; aber zum Schluss, wenn dieser ganze Erfolgsrummel vorbei ist, dann werde ich wieder im selben Schmutz, in derselben Armseligkeit, in derselben Traurigkeit, in derselben Verlassenheit sein wie als Kind. Alles wird vergehen, und ich komme dahin, wo ich hergekommen bin. Dies ist kein Wunsch; es ist eine tiefe Einsicht in die Leere seines Lebens, ausgedrückt in einer schöpferisch-künstlerischen Sprache.

Wir können sagen, dass viele Menschen zum schöpferischen Gestalten imstande wären, aber am Tage sosehr unter dem Druck der Gesellschaft - unter dem, was Heidegger das „Man" nennt - stehen, dass sie nicht den Mut haben, sie selber zu sein und selbst etwas zu schaffen. In der Tat ein betrüblicher Kommentar zu unserer Gesellschaft, die dem Menschen nicht erlaubt, die schöpferischen Qualitäten, die ihm innewohnen, zu verwirklichen.

Im Traum machen wir uns selbst eine Mitteilung - wie im Talmud (Berachot 55a) zu lesen ist: „Ein ungedeuteter Traum gleicht einem ungelesenen Brief." In Wirklichkeit ist das Wort „deuten" sogar nicht einmal richtig. Man braucht den Traum gar nicht zu deuten - da ist gar nichts zu deuten -, sowenig wie man Chinesisch oder Italienisch deutet, wenn man die Sprache lernt.

Es ist eine Sprache, die man lernt, die ihre eigene Grammatik, die ihre eigenen Formen hat, eine Sprache, die das Erleben ausdrückt und die nicht der Beschreibung von „Tatsachen" dient. Es ist leicht, die Traumsprache zu lernen. Dazu muss man nicht Psychoanalytiker werden, man könnte sie schon in der Schule lernen zur selben Zeit, in der man Fremdsprachen lernt. Würde man beginnen, die Traumsprache zu lernen, so hätte das meines Erachtens große Vorteile, denn wir wissen mehr über uns und über andere, wenn wir unsere Träume verstehen.

Nun, ich sage, das kann Vorteile haben. Denn es kann auch Nachteile haben. Im allgemeinen wollen wir gar nicht so viel über uns oder über andere wissen; es stört uns nur. Und doch leben wir reicher, vitaler, stärker, je mehr wir über uns wissen und je weniger Illusionen wir über andere haben. Außerdem kommen wir, wenn wir die Traumsprache verstehen, etwas weg von der einseitigen intellektuellen Orientierung, die gerade heute für die meisten Menschen kennzeichnend ist. Wir denken dann nicht mehr ausschließlich in Begrifflichkeiten, sondern gewinnen überdies ein Verhältnis zur Differenziertheit der Gefühle. Wir integrieren Intellekt und Emotion und lassen falsche Alternativen hinter uns. Ich rede damit keinesfalls einer gefährlichen Anti-Intellektualität oder gar einer neuen Sentimentalität das Wort; aber ich meine, dass die Traumsprache uns etwas lehren kann, dessen wir – jetzt mehr denn je – zum Leben bedürfen: Im Träumen können wir zu Dichtern werden.

> ... ich meine, dass die Traumsprache uns etwas lehren kann, dessen wir – jetzt mehr denn je – zum Leben bedürfen:
> Im Träumen können wir zu Dichtern werden.

Erich Fromm
(1900-1980) war ein deutsch-US-amerikanischer Psychoanalytiker, Philosoph und Sozialpsychologe. Viele seiner Bücher wurden zu Bestsellern, insbesondere *Die Kunst des Liebens* aus dem Jahre 1956 sowie *Haben oder Sein* von 1976.

Eine kosmische Dimension im Menschen

Der Traum ist die kleine verborgene Türe im Innersten und Intimsten der Seele, welche sich in jene kosmische Urnacht öffnet, die Seele war, als es noch längst kein Ichbewußtsein gab, und welche Seele sein wird, weit über das hinaus, was ein Ichbewußtsein je wird erreichen können.

Alles Bewußtsein trennt; im Traume aber treten wir in den tieferen, allgemeineren, wahreren, ewigeren Menschen ein, der noch im Dämmer der anfänglichen Nacht steht, wo er noch das Ganze, und das Ganze in ihm war, in der unterschiedslosen, aller Ichhaftigkeit baren Natur.

Aus dieser allverbindenden Tiefe stammt der Traum, und sei er noch so kindisch, noch so grotesk, noch so unmoralisch. Er ist von einer blumenhaften Unbefangenheit und Wahrhaftigkeit, die unsere autobiographische Lügenhaftigkeit erröten macht. Kein Wunder daher, daß in allen älteren Kulturen der eindrucksvolle Traum als eine Botschaft der Götter galt!

Warum vergißt man stets, daß es nichts Gewaltiges und Schönes im weiten Bereich menschlicher Kultur gibt, das nicht ursprünglich dem glücklichen Einfall entstammt?

Was würde aus der Menschheit, wenn niemand mehr Einfälle hätte? Der Traum ist nichts anderes als ein Einfall jener allverbindenden, dunklen Seele. Was wäre darum natürlicher, wenn wir uns in die endlosen Einzelheiten und Vereinzelungen der Weltoberfläche verirrt haben, als daß wir beim Traume anklopften, um bei ihm jene Gesichtspunkte zu erfragen, welche uns den Grundtatsachen des Menschseins wieder näher rücken könnten?

Wenn auch eine ganze Welt aus den Fugen geht, so kann doch jene Allverbundenheit der dunkeln Seele nie in Stücke brechen. Und je weiter und zahlreicher die Spaltungen der Oberfläche werden, desto mehr wächst in der Tiefe die Kraft des Einen.

C. G. Jung, GW 10, § 304 ff.

Die Kunst der Traumdeutung

Brigitte Dorst

1. Kulturhistorischer Rückblick zur Traumdeutung

Mit dem erwachenden Bewusstsein der Menschen im Prozess der Evolution taucht in den verschiedenen Kulturen auch die Frage nach der Bedeutung der Träume auf. Werfen wir zunächst einen Blick zurück in die Kulturgeschichte der Traumdeutung.

Aus der Frühzeit der Entstehung von Stadtkulturen rund um das Mittelmeer sind verschiedene Zeugnisse von der Beschäftigung mit Träumen überliefert. Im babylonischen Gilgamesch-Mythos, einem großen Epos der Weltliteratur (ca. 3000 v. Chr.), ist in Keilschrift festgehalten, dass der König von Uruk im Land Sumer, zwischen Euphrat und Tigris gelegen, von Träumen beunruhigt wurde, die ihm seine Mutter deutete. Träume galten als Botschaften der Götter bzw. Göttinnen und kündigten etwas Zukünftiges an. Auch auf den Tontafeln von Ninive aus der Zeit des assyrischen Königs Assurbanipal sind Traumaufzeichnungen zu finden (von 669 bis 662 v. Chr.).

Im Alten Ägypten war die Beachtung der Träume und ihre Deutung ebenfalls eine kultische Angelegenheit. Der Traum galt als Vermittler zwischen der diesseitigen und der jenseitigen Welt, und es wurde zwischen guten Träumen, die dem Gott Horus zugeschrieben wurden, und schlechten, die mit Seth in Verbindung standen, unterschieden. Ein Buch über Träume wird Pharao Merikesa (ca. 2700 v. Chr.) zugeschrieben. Die Ägypter versuchten die Traumauslegung über Traumsymbole und verwendeten dabei vor allem Analogien: Ein sonniger Garten im Traum bedeutete Wohlbefinden und Lebensfreude, Blut verwies auf Kampf und Verwundung. Träume konnten auf Gutes oder auf Gefahren hinweisen. So erzählt auch die Bibel, wie Josef am Hof des Pharao dessen Traum als Zukunftsprognose deutete: Die sieben fetten und die sieben mageren Kühe symbolisierten Erntezeiten und Hungersnöte, waren also eine Vorschau auf die Zukunft.

Die „Gilgamesch Traumtafel", ein 3600 Jahre altes Tonartefakt, stammt aus dem Gebiet des heutigen Irak. (wikimedia) Sie schildert unter anderem, wie König Gilgamesch von Uruk seiner Mutter von zwei Träumen erzählt.

Das antike Griechenland übernahm Teile der ägyptischen und babylonischen Kultur, und so befasste sich auch die griechische Philosophie mit der Bedeutung der Träume. Aristoteles stand Träumen als Botschaften der Götter skeptisch gegenüber. Er ging davon aus, dass Träume mit körperlichen Vorgängen und dem menschlichen Erleben zu tun haben. Er verstand sie als Tätigkeit der Seele im Schlaf, suchte also schon nach einem psychologischen Zugang zu Träumen. Für Platon sind Träume Ausdruck des Gewissens und enthüllen etwas von der Wahrheit der Seele.

Im antiken Griechenland war die Kunst der Traumdeutung eng verbunden mit den Heiltempeln. Vermutlich hatte es schon im Alten

William Blake (1757-1827): Jakobs Traum, Britisches Museum, London (wikimedia)

lich 2. Jh. n. Chr., nach manchen Quellen auch 370 – 412 n. Chr.), der in seiner fünfbändigen *Oneirokritika* (griech. Traumdeutung) mehr als 3000 Träume nach bestimmten Arten systematisierte und verschiedene Traumsymbole entschlüsselte. Es sind nun nicht mehr nur die Götter, die den Traum schicken, sondern Träume werden auf die Lebensumstände des Träumers bezogen und sollen ihm auch zur Selbsterkenntnis dienen.

Das Verständnis von Träumen im Alten Rom entwickelte sich auf der Basis der griechischen Vordenker. So beschäftigte sich z.B. Lukrez in seinem Werk *De rerum natura* mit der Frage, wie die Tagesbeschäftigung sich auf den Traum auswirkt.

In der Bibel, sowohl im Alten als auch im Neuen Testament, wird von zahlreichen Träumen berichtet. Ein berühmtes Beispiel ist der Traum *Jakobs von der Himmelsleiter* (Gen 28,10 – 22). Träume umranken auch die Geburt Jesu. Immer geht es dabei um besondere Botschaften von Gott, als Offenbarung und zugleich göttliche Führung.

Der Talmud belegt, wie ernst Träume im Judentum genommen wurden. Erich Fromm erzählt in seinem Buch *Märchen, Mythen, Träume*, dass es zur Zeit Jesu in Jerusalem 24 Traumdeuter gegeben haben soll. Ein berühmter Satz aus dem Talmud, der Rabbi Chisda zugeschrieben wird, lautet:

Ein ungedeuteter Traum ist wie ein ungelesener Brief.
Fromm, 1980, S. 96

Auch in der islamischen Kultur wurden Träume sehr wertgeschätzt. Schon Mohammed soll am Morgen nach dem Gebet seine Anhänger gefragt haben, was sie geträumt hätten, und ihnen dann ihre Träume gedeutet haben. „Damit sind Traum und Traumdeutung im Islam nicht nur sanktioniert, sondern nehmen eine

Ägypten eine Verbindung von Tempeldienst und Heilkunst gegeben, was in der griechischen Kultur übernommen wurde. Viele Heiltempel waren Asklepios, dem Gott der Heilkunst, gewidmet. Asklepios war vermutlich ein Arzt, der nach seinem Tod im Mythos vergöttlicht wurde. Überall in der antiken Welt entstanden so Tempel als Orte, an denen die Kranken Heilung suchten – besonders berühmt war der Tempel von Epidauros. Die Pilger, die in den Tempeln Heilung von Krankheiten suchten, hatten sich nach einem Ritual auf einem besondere Lager (der sog. klinē – daher das Wort Klinik) niederzulegen – in der Erwartung und Hoffnung, im Schlaf von den Göttern einen Traum gesandt zu bekommen. Es war dann die Aufgabe der Priester, aus einem solchen Inkubationstraum Hinweise für die Heilung und Behandlung herauszudeuten.

Das umfassendste Werk zur Traumdeutung seiner Zeit stammt von Artemidoros (vermut-

höchst wichtige Stelle im Leben der Muslime ein", so Annemarie Schimmel (1998, S. 17). Der Traum gilt als Gottesgeschenk, als Trost, Wegweisung, Warnung und als Heilmittel – in der klassischen islamischen Literatur wird mehrfach von Heilträumen berichtet.

Auch in asiatischen Kulturen gibt es Hinweise auf Träume und Traumdeutung. Zur Zeit der Tschou-Dynastie (1100 - 1050 v. Chr.) philosophierte Tsung-tse, ein Schüler Laotses, über den Zusammenhang von Traum und Leben. Berühmt ist auch der Schmetterlingstraum von Tschuang-tse (4. Jh. v. Chr.):

Einst träumte mir, Tschuang Tschou, ich sei ein Schmetterling. Ein schwebender Schmetterling, der sich wohl und wunschlos fühlte und nichts wußte von Tschuang Tschou. Plötzlich erwachte ich und merkte, daß ich wieder Tschuang Tschou war. Nun weiß ich nicht, bin ich Tschuang Tschou, dem träumte, ein Schmetterling zu sein, oder bin ich ein Schmetterling, dem träumt, er sei Tschuang Tschou.
Gsteiger, 1999, S. 5

Hinweise auf die Vorhersage bedeutender Ereignisse im Traum finden wir auch im Buddhismus. So wird erzählt, dass die Mutter des Buddha einmal geträumt habe, nach einem Bad, mit Blumen geschmückt, in einem Palast zu liegen. Ein weißer Elefant mit einem Lotus im Rüssel habe ihr die Blüte in den Schoß gelegt. Traumdeuter hätten ihr dann die Geburt eines besonderen Menschen vorhergesagt, eines Weisen und Erleuchteten der Menschheit.

Bei verschiedenen indigenen Völkern, z. B. nordamerikanischen Stämmen, sind es die Geister der Vorfahren, die sich in den Träumen melden. Sog. große Träume, besonders von Häuptlingen, Kriegern oder

Schamanen, wurden als Botschaften für den ganzen Stamm angesehen. In Träumen meldeten sich auch besondere Schutzgeister, die für den Träumer und sein weiteres Leben von Bedeutung waren. Initiationsträume konnten jungen Männern schamanische Kräfte verleihen und sie auf bestimmte Aufgaben und Rollen für ihren Stamm vorbereiten. Anthropologische Forscher untersuchten die Bedeutung von Träumen z. B. in Neuguinea oder bei den Trobiandern in Melanesien; besonders bekannt, aber auch umstritten sind ethnologische Berichte über den Stamm der Senoi in Malaysia, in denen es um eine besonders gestaltete Traumkultur im Austausch von Träumen in den Familien ging.

In der Frühzeit des Christentums galt es, entsprechend der biblischen Tradition, die Träume als göttliche Offenbarung zu sehen, wie etwa beim griechischen Kirchenvater Gregor von Nazianz und dem Mönch Evagrius Pontikus.

Am Ende der Spätantike verfallen mit der Christianisierung die Tempel. Das Thema Träume ist nicht länger im öffentlichen Bewusstsein, lediglich in der Beschäftigung von

Tsung-tse's Schmetterlingstraum. Lu Zhi (-1576) (wikimedia)

Stupa drum panel, die die Empfängnis des Buddha zeigt: Königin Maya träumt von einem weißen Elefanten, der in ihre rechte Seite eindringt. ca. 100 -300 AD, Britisches Museum, London (wikimedia)

Gelehrten und Philosophen im Mittelalter und in der Renaissance findet es weiter Beachtung, so z.B. bei Augustinus, Albertus Magnus, Ambrosius und Thomas von Aquin. Träume werden als Äußerungen der Weltseele verstanden; häufig wird auf die Texte des Artemidorus Bezug genommen. Unterschieden wird zwischen Offenbarungsträumen und natürlichen Träumen. Thomas von Aquin beschäftigte sich in seiner *Summa Theologiae* mit der Frage, welche verschiedenen Arten von Träumen es gibt, welche Träume von Gott gesandte Vorhersagen künftiger Ereignisse sein könnten und bei welchen Träumen es um Aberglaube gehe.

Mit der Aufklärung gelten Träume zunehmend als nicht ernst zu nehmende Phänomene. Voltaire bezeichnet die These, Träume könnten Zukünftiges vorhersagen, als Unsinn und Aberglauben. Erst in der Romantik, in der alles Gefühlhafte wertgeschätzt und Zeugnisse der schöpferischen Fantasie – Märchen, Mythen, Volkserzählungen – gesammelt wurden, wird wieder ein anderer Zugang zu Träumen gefunden. Man interessiert sich wieder verstärkt für die Träume, so etwa Novalis, Ei-

chendorff, Herder, Ludwig Tieck, Schlegel, Jeremias Gotthelf. Auch in Goethes Gesprächen mit Eckermann geht es um die nächtlichen Erfahrungen mit Träumen und ihre Wirkungen. Es entsteht eine umfangreiche Literatur über Träume. Der Traum gilt nun als besondere Tätigkeit der Psyche. Der Begriff des Unbewussten taucht erstmals bei Carl Gustav Carus auf. So schreibt er in seinem Werk *Psyche*:

> Der Schlüssel zur Kenntnis des bewußten Seelenlebens liegt in der Region des Unbewußten.
> Dieckmann, 1990, S. 46

Die entscheidenden Fortschritte und Grundlagen für die moderne Traumdeutung basieren vor allem auf den Entdeckungen von Sigmund Freud und C. G. Jung.

2. Traumdeutung: Von Freud zu Jung

Die wichtigste Voraussetzung zum Verstehen und Deuten von Träumen ist die innere Einstellung zum Unbewussten, ist ein Menschenbild, in dem die Seele in weiten Bereichen nicht nur bestimmt ist vom Ich und dem Bewusstsein, sondern auch vom Unbewussten. Zum Verhältnis zwischen dem Unbewussten und dem Bewusstsein haben die verschiedenen tiefenpsychologischen Schulen unterschiedliche Ansätze entwickelt, sie basieren alle auf dem Verdienst von Sigmund Freud und seinem wegbahnenden Werk *Die Traumdeutung* (1900). Als dieses Buch vor mehr als hundert Jahren erschien, fand es zunächst keine besondere Resonanz. Aus heutiger Sicht ist es eines der großen Werke des 20. Jahrhunderts, in zahllosen Auflagen erschienen und in sehr vielen Sprachen verbreitet. Der Psychoanalytiker Michael Ermann wertet es als „einen Durchbruch in der Geistesgeschichte des Abendlandes und einen Markstein in der westlichen Kulturgeschichte" (Ermann, 2005, S. 1).

Fünf Jahre lang hatte Freud sich mit der Analyse seiner eigenen Träume befasst. Dann entwickelte er auf dieser Basis den neuen, wissenschaftlichen Zugang zur Traumdeutung. Ihr Ausgangspunkt ist, dass der Traum eine wichtige psychische Funktion hat. Die Inhalte von Träumen sind weder zufällig noch sinnlos, sondern zeigen unsere Bestrebungen, Wünsche und Gefühle, sind also unbewusst bestimmt und unterliegen der Verdrängung. In der Traumdeutung geht es jetzt primär um die Person des Träumers, der Träumerin, nicht um die Träume und ihre Botschaften, wie dies für die Menschen früherer Jahrhunderte im Zentrum stand. Sie befassten sich zwar auch mit der Bedeutung von Träumen, diese waren aber mit ganz anderen, metaphysischen Vorstellungen verbunden und galten als Mitteilungen von Göttern, Ahnen oder Geistern.

Aus Freud'scher Sicht sind es Triebkräfte, vor allem unterdrückte sexuelle Impulse und Wünsche, die latent dem Traum zugrunde liegen, aber im erinnerten, manifesten Traum zensiert werden, quasi verborgen sind. Der erinnerte, manifeste Traum befriedigt Wünsche, die aber mit dem Ich unvereinbar sind. Deshalb findet beim Träumen eine Art Zensur statt, sodass der Traum als Kompromiss zwischen Bewusstem und Unbewusstem entsteht und einerseits Wunscherfüllung ist, andererseits den Schlaf vor erschreckenden Erkenntnissen behütet. Die Quellen der Inhalte der Träume sind körperliche Manifestationen, außerdem Tagesreste von emotional aufgeladenen Erfahrungen sowie Erinnerungsmaterial aus der Kindheit. Wir alle besitzen im Unbewussten einen riesigen Speicher aus Erinnerungen, Erfahrungen und Ereignissen, der bis zurück in die früheste Kindheit reicht.

Freud war, so Ermann, der Erste, der den alten Vorstellungen „eine wissenschaftlich fundierte Traumdeutung entgegensetzte, indem er die Entstehung, die Funktion und die Bedeutung von Träumen auf eine theoretische Grundlage stellte. [...] Dieser auf das Individuum zentrierte Ansatz eröffnete ihm grundsätzliche Einsichten in die Struktur und Dynamik der Psyche und führte dazu, dass seine Traumtheorie zur Grundlage einer neuen Theorie des Seelenlebens wurde, die sich mit den Prozessen des individuellen Seelenlebens befasst – der Psychoanalyse.
Ermann, 2005, S. 3

Traumarbeit war für Freud, die ursprünglicheren Inhalte des latenten Traums in den manifesten Traumtext zu überführen, da durch primärprozesshafte Verdichtungen, Verschie-

Johann Heinrich Füssli (1741-1825): Nachtmahr, Goethehaus, Frankfurt (wikimedia)

bungen und sekundäre Bearbeitung Differenzen zwischen latentem und manifestem Traum entstehen und primitive Impulse auf diese Weise verhüllt werden. Es findet also eine Traumzensur statt. Der methodische Zugang zu Träumen wird in der sog. freien Assoziation gesucht: Im entspannten Zustand, sitzend oder liegend, soll der Patient seine Aufmerksamkeit ganz auf das richten, was in seinem Bewusstsein auftaucht, ohne Zensur.

War für Freud die so praktizierte Traumdeutung noch die Via regia zum Unbewussten, richtete sich das Interesse seiner Nachfolgerinnen und Nachfolger zunehmend auch auf das Ich und seine Abwehrmechanismen, ebenso auf die besondere Bedeutung der therapeutischen Beziehung und die Konzepte von Übertragung und Gegenübertragung. Für Freudianerinnen und Freudianer heute ist die Einsicht bestimmend,

> ... dass der wahrscheinlich entscheidende Wirkfaktor der Psychoanalyse nicht, wie Freud glaubte, in der Rekonstruktion von Erinnerungen und Einsicht durch Deutung liegt, sondern in Beziehungserfahrungen während der Behandlung, welche alte Erfahrungen überschreiben.
> Ermann, 2017, S. 171

C. G. Jung war mit Freud lange Jahre fachlich und persönlich eng verbunden und schätzte Freuds Entdeckungen zum Traum sehr.

Nach der Trennung von Freud gelang es Jung dann, in der von ihm so benannten Analytischen Psychologie (zeitweise auch als Komplexe Psychologie bezeichnet) eigenständige Forschungen und Theorien zur Bedeutung und zum Verständnis von Träumen zu entwickeln. Das Herzstück der Analytischen Psychologie ist die sog. Individuation als Entwicklungsweg, der vom Selbst bestimmt wird. Träume erlauben Einsicht in die unbekannten Seiten des Selbst, geben Hinweise und sind u.a. Hilfen auf dem Weg der Individuation. Jung konstatiert:

> Es ist das große Verdienst Freuds, der Traumforschung auf die Spur geholfen zu haben. Er hat vor allem erkannt, dass wir ohne den Träumer keine Deutung vernehmen können. [...] Die weiteren Prozeduren, denen Freud die Trauminhalte unterzieht,

muß ich allerdings ablehnen, denn sie stehen zu sehr unter der vorgefaßten Meinung, daß die Träume Erfüllungen „verdrängter Wünsche" seien.
> Jung, GW 8, § 539

An anderer Stelle kritisiert er:

> Daß Träume bloß verdrängte Wunscherfüllungen sind, ist ein längst überholter Standpunkt. Gewiß gibt es auch Träume, die erfüllte Wünsche oder Befürchtungen manifest darstellen. Aber was gibt es nicht alles sonst noch? Träume können unerbittliche Wahrheiten, philosophische Sentenzen, Illusionen, wilde Phantasien, Erinnerungen, Pläne, Antizipationen, ja sogar telepathische Visionen, irrationale Erlebnisse und Gott weiß was sonst noch sein. Wir dürfen nämlich eines nicht vergessen: Fast die Hälfte unseres Lebens spielt sich in einem mehr oder weniger unbewußten Zustand ab.
> Jung, GW 16, § 317

Für C. G. Jung ist der Traum eine

> ... spontane Selbstdarstellung der aktuellen Lage des Selbst in symbolisierender Ausdrucksform. [...]
> Die ganze Traumschöpfung ist im wesentlichen subjektiv, und der Traum ist jenes Theater, wo der Träumer Szene, Spieler, Souffleur, Regisseur, Autor, Publikum und Kritiker ist.
> Jung, GW 8, § 505 und § 509

Im Zugehen auf die Deutung bringt Jung die Unterscheidung zwischen Objektstufe und Subjektstufe ins Spiel. Subjektstufe bedeutet, dass alle Teile und Figuren eines Traumes als Aspekte der Persönlichkeit des Träumers, der Träumerin gesehen werden können. Beim objektstufigen Verständnis werden alle im Traum vorkommenden Personen, Gegenstände etc. Teilen der äußeren Welt des Träumers zugewiesen.

Darüber hinaus erweiterte Jung das Verständnis von Träumen in vielerlei Hinsicht: Träume dienen der Selbsterkenntnis, sie haben sinngebende und wegweisende Bedeutung, sie bilden eine Brücke für den Dialog zwischen

Foto: Adobe Stock 240778917

dem Bewussten und dem Unbewussten. Sie werden nicht nur retrospektiv gesehen, sondern vor allem auch prospektiv bzw. final, unter dem Blickwinkel der Selbstwerdung und Individuation. Träume verweisen für Jung auf die Selbstheilungskräfte der Seele. Sie können komplementäre oder auch kompensatorische Funktionen übernehmen. So schreibt er: „

> Da das Bewußtsein allen möglichen äußeren Anziehungen und Ablenkungen ausgesetzt ist, läßt es sich leicht dazu verleiten, Wege zu gehen, die seiner Individualität fremd und nicht gemäß sind. Die allgemeine Funktion der Träume ist, solche Störungen des geistigen Gleichgewichts auszugleichen, indem sie Inhalte komplementärer und kompensatorischer Art hervorbringen.
> Jung, GW 18/I, § 471

Vor allem aber erschließt C. G. Jung den weiten Bereich des kollektiven Unbewussten für die Tiefenpsychologie und spannt mit der Methode der Amplifikation von Traumsymbolen den weiten Raum für das kollektive Wissen der Menschheitsgeschichte auf. Unter Amplifikation versteht die Analytische Psychologie die Bedeutungsanreicherung, Erweiterung und Aufschlüsselung eines Symbols mit Hilfe von literarischen, religionsgeschichtlichen, kultur-

vergleichenden sinnverwandten Bezügen. Ermann würdigt Jung als denjenigen, der neben Freud „unser Verständnis für Träume als Zugangsweg zur Erkenntnis des Unbewussten am meisten gefördert hat" (Ermann, 2005, S. 43). Auf Basis der Analytischen Psychologie ist etwas möglich, das Ingrid Riedel in ihrem Buch über Träume (1997) so beschrieben hat:

> Träume lehren uns immer wieder staunen über das innere Wissen unserer Psyche, über ihr Ahnungsvermögen und ihr Vorauswissen von der symbolischen Bedeutsamkeit unseres Entwicklungsweges. Sie erst lehren uns überhaupt, dass es einen Entwicklungsweg, einen inneren Fahrplan des menschlichen Lebens gibt, dessen Phasen und Rhythmen unserer Psyche eingestiftet zu sein scheinen. Dies zu erfahren ist für viele tröstlich und schafft Vertrauen in die größeren und tieferen Zusammenhänge unseres Lebens.
> Riedel, 1997, S. 23

Für das Deuten der Träume ist es nach Jung vor allem wichtig, ihre Sprache zu verstehen. Die Traumsprache ist die Sprache der Symbole. Symbole sind Sinnbilder, in denen ein Objekt mit geistigen Inhalten und Bedeutungen zusammengebracht wird. Die Analytische Psychologie hat eine eigene Theorie zum

Symbolverstehen entwickelt. Verena Kast geht es – in Anlehnung an C. G. Jung – auch beim Traum um die kreativen und schöpferischen Kräfte der Psyche. Sie beschreibt die Bedeutung des Träumens aus Sicht der Analytischen Psychologie so:

> Träumen ist eine Art Spiel, das Spiel der aktivierten Imagination im Schlaf. Und worum geht es in diesem Spiel? Es geht um Flexibilität, um Kreativität, um die emotionale und kognitive Orientierung auf Zukünftiges hin, aber auch um das Verarbeiten und Beruhigen von emotionalen Problemen.
> Kast, 2019, S. 74

3. Traumdeutung als dialogische Kunst

In der Arbeit mit Träumen tritt das Bewusstsein mit seinen Erkenntnismöglichkeiten in den Dialog mit dem Wissen und der Weisheit der unbewussten Psyche, und erst ihre Verbindung fördert die Ganzheit auf dem Weg der Individuation, lässt uns den Weg des Selbstwerdungsprozesses ahnen und entdecken.

Wenn wir von einer Kunst sprechen, so ist zu fragen, was diese denn auszeichnet. Mit dieser Frage hat sich auch Erich Fromm in seinem weltberühmten Buch *Die Kunst des Liebens* im Eingangskapitel befasst: Künste sind zu lernen, und er unterscheidet den Erwerb und die Aneignung grundlegender Theorien und Erkenntnisse der jeweiligen Kunst und eine lange Zeit geübte Praxis,

> ... bis also die Ergebnisse des theoretischen Wissens und die Ergebnisse der Praxis miteinander verschmelzen – in die Intuition, das Wesentliche in der Beherrschung jeder Kunst.
> Fromm, 1977, S. 20

Gefordert ist das unbedingte Interesse an dieser Kunst und ferner Disziplin, Konzentration und Geduld. Und:

> Die eigene Person wird zum Instrument in der Ausübung dieser Kunst und muß in einem Zustand gehalten werden, der der von ihm zu erfüllenden Aufgabe entspricht.
> Fromm, ebd., S. 145

Ich finde, diese Aussagen Fromms passen auch zur Kunst der Traumdeutung: Für das theoretische Wissen über die Arbeit mit Träumen gibt es von Jungianerinnen und Jungianern eine reiche Auswahl an Büchern. Und es braucht das unbedingte Interesse für die Psyche, für das Wohl der Menschen, die mit ihren psychischen Problemen den Weg zu uns Therapeutinnen und Therapeuten suchen, mit allen Fragen und Schwierigkeiten ihres Lebens.

Auch der Hinweis Fromms, dass für das Meistern einer Kunst der Zustand der eigenen Person besonders beachtet werden soll, gilt m. E. vor allem auch für die Psychotherapie als Heilkunst und für die Arbeit mit Träumen.

Was ist mir dabei wichtig?

- Eine wache Präsenz, Achtsamkeit und Aufmerksamkeit im Hier und Jetzt,
- die Kunst des Zuhörens als „Hören mit dem Dritten Ohr", dem Ohr des Herzens,
- sich innerlich berühren zu lassen und sich einzulassen auf das Bonding einer helfenden Beziehung, auf eine gemeinsame Suche nach Sinn und Bedeutung,
- ein unverbrauchtes, sich immer wieder erneuerndes Mitgefühl, ein „Interesse", also In-Beziehung-Sein, auch auf einer transpersonalen Ebene.

Das „Hören mit dem Dritten Ohr" geschieht ganz besonders mit der Intuition, auch wenn natürlich alle vier Wahrnehmungsfunktionen in der Arbeit mit Träumen aktiviert werden.

Die Intuition vermag den verborgenen Sinn von etwas, was der Traum erzählt und ins Bild setzt, zu erspüren. Das Geschehen, wenn wir intuitiv etwas wissen, begreifen oder erahnen, ist rational nicht erklärbar. Hier kommt es vor allem auf das oft spontane Gefühl von Stimmigkeit und Gewissheit des Träumers, der Träumerin an. Die Intuition ist eng mit dem Unbewussten verbunden und hat als eine Wahrnehmungsfunktion sowohl Zugang zum persönlichen Unbewussten als auch zum Menschheitsschatz des kollektiven Unbewussten. Sie manifestiert sich vor allem in spontanen „Einfällen", Fantasien, inneren Bildern und Ahnungen – manchmal blitzartig. Intuitionen sind Einsichten und Erkenntnisse, die uns von irgendwoher „zufallen". Vielleicht kann man sagen, dass die Intuition zum kollektiven Unbewussten und zu den Archetypen Zugang hat.

Intuition als inneres Wissen ist nicht einfach verfügbar, es meldet sich aber umso eher, je mehr wir uns öffnen, uns nicht in gewohnten Bahnen des Denkens und Fühlens bewegen, sondern uns im entspannten und unverkrampften Zustand durchlässiger machen für Botschaften aus dem Unbewussten und dieses als eine Quelle inneren Wissens akzeptieren.

Zum „Hören mit dem Dritten Ohr" gehört in jeder tiefenpsychologisch ausgerichteten Arbeit natürlich auch wahrzunehmen und zu hören, was in den Tiefen des eigenen Unbewussten in Resonanz auf den Träumer, die Träumerin auftaucht.

C. G. Jung betont, dass jeder Versuch, einen Traum zu deuten und zu verstehen, zunächst nicht mehr ist als „eine Hypothese, ein bloßer Versuch der Lesung eines unbekannten Textes" (GW 16, § 322). Im Rahmen einer Therapie lässt man sich im gemeinsamen Gespräch auf den unbekannten Text ein; so entsteht ein dialogisches Feld.

Auf Seiten der Therapeutin ist es wichtig, dass in der Arbeit

> ... eine Ahnung entsteht, wohin denn die Entwicklung des jeweiligen Menschen gehen könnte. Da hat nicht mehr einer oder eine die Deutungshoheit, sondern in einem gemeinsamen kreativen Prozess können sich Fragen und Anregungen für die Lebensgestaltung und für Problemlösungen ergeben. Ich meine damit nicht, dass Träume einfach Lösungen bereithalten, sie stellen vielmehr Fragen aus einem anderen, neuen Blickwinkel.
> Kast, 2019, S. 28

Für die Auseinandersetzung mit der eigenen seelischen Innenwelt benötigen viele Menschen, die in die Therapie kommen, den Therapeuten als Dialogpartner.

> Es braucht bei den meisten Menschen ein Gegenüber, sonst ist die Erlebnisgrundlage zu wenig real, der Mensch ‚hört' sich sonst nicht.
> Jung, GW 18/II, § 1811

So sagt es C. G. Jung in einem Brief. Träume werden lebendig, wenn sie mitgeteilt werden, dem Therapeuten, einer vertrauten Freundin oder einer Gruppe, in der ein Träumer sich sicher fühlt. Im Raum dieser Beziehung findet der Traum einen Resonanzboden, regt er die Fantasie an, wird er zum geteilten Erleben und Miterleben.

Von den vielen Hinweisen zum Verständnis von Träumen und zur therapeutischen Arbeit von Träumen ist mir ein Satz C. G. Jungs besonders wichtig:

> Die eigentliche Interpretation des Traumes ist in der Regel eine anspruchsvolle Aufgabe. Sie setzt psychologische Einfühlung, Kombinationsfähigkeit, Intuition, Welt- und Menschenkenntnis und vor allem ein spezifisches Wissen voraus, bei dem es ebenso sehr auf ausgebreitete Kenntnisse wie auf eine gewisse „intelligence du coeur" ankommt.
> Jung, GW 8, § 543

Vielleicht ist es diese „intelligence du coeur", die als Herzensweisheit eigene Fantasiekräfte und Intuition ins Spiel bringt, mich mit dem Menschen auf besondere Weise verbindet, wenn er mir seine Träume anvertraut, und bei der Suche nach ihrer existentiellen Bedeutung, ihrem Sinn, etwas mit uns beiden macht. Vielleicht lässt es sich so sagen: Ich bin einbezogen in die Traumdeutung, stelle meine Entschlüsselungs- und Verstehensmöglichkeiten zur Verfügung, erhalte Einsicht in die einzigartige innere Welt des anderen, nehme teil an seinen inneren Kämpfen, Nöten, seinem Sich-Weitertasten auf dem Weg der Individuation – weil in dem Zwischenraum zwischen uns beiden ein besonderer Austausch stattfindet.

C. G. Jung hat dies so umschrieben:

> Das lebendige Geheimnis des Lebens ist immer zwischen Zweien verborgen, und es ist das wahre Mysterium, das Worte nicht verraten und Argumente nicht erschöpfen können.
> Jung, Briefe III, S. 328

Auch Gruppen können unter geeigneten Bedingungen Resonanzräume zum Verstehen und Deuten von Träumen sein. C. G. Jung sagt:

Der Traum ist die kleine verborgene Tür im Innersten und Intimsten der Seele.
Jung, GW 10, § 304

Entsprechend bedarf es einer Haltung offener und wertschätzender Achtsamkeit, eines mitfühlenden Mitschwingens und einer besonderen Aufmerksamkeit in einer Traumgruppe. Oft entfaltet ein Traum erst seine Bedeutung im Resonanzfeld einer Gruppe und ermöglicht der Träumerin ein tieferes Verstehen, als ihr allein möglich war. Die Arbeit an Träumen geht auch dann mit überraschenden Einsichten für das eigene Leben einher, wenn es kein eigener Traum war, der gedeutet wird.

Bei der Traumarbeit in der Gruppe gilt es, ohne vorgefasste Meinung zu sein, sich ohne vorschnelles Urteilen und Bescheid-wissen-Wollen, ohne Kritik dem Geheimnis des Traums zu nähern, achtsam und besonders aufmerksam für den Sprechenden und seine Bedürfnisse zu sein und ihn auf seinem Entwicklungsweg zu sehen. Manche Träume sind unmittelbar verständlich, manches muss interpretiert bzw. gedeutet, d.h. seine Bedeutung muss hervorgehoben werden. Für alle ist dabei etwas zu lernen: über die jeweiligen Themen, über die Weisheit des Unbewussten; Selbsterkenntnis durch das, was sich in der Resonanz beim Zuhören und Mitfühlen zeigt und meldet, wird möglich.

Die Vieldeutigkeit eines Traumsymbols versetzt immer wieder in Erstaunen, wenn mehrere Gruppenmitglieder ihre Reaktionen zu einem Traum mitteilen. Das gemeinsame Verstehen von Träumen wird von der ganzen Gruppe als ein spannender kreativer Prozess erlebt. Es ist zugleich eine besondere Schulung der Intuition. Dadurch, dass der Traum im Raum der Gruppe erzählt wird, wird er als solcher gewürdigt und bestätigt. Er hilft der ganzen Gruppe, sich auf die Ebene tieferer Bedeutungen einzulassen, sich quasi auf einer anderen geistigen Schwingungsebene zu bewegen. So können Träume zu einer Lehr-/Lerngeschichte für alle werden. Ich selbst schätze die Arbeit mit Gruppen an Träumen besonders, erinnere viele Situationen, wo ich beeindruckt war von der Deutungskunst einer solchen Gruppe, von ihrer kollektiven Intuition.

Zum Schluss möchte ich den Blick nochmals zurückrichten in die Zeit, in der es die griechischen Heiltempel an so vielen Orten gab. Ich stelle mir vor, wie es in einem Gespräch zwischen dem kranken, heilsuchenden Pilger, der aus seinem Inkubationstraum erwacht, und dem Tempelpriester ein ehrfürchtiges Staunen gibt im Annehmen und Verstehen der Traumbotschaft. Nicht anders kann auch uns heutige Menschen ein gedeuteter Traum tief anrühren und manchmal ehrfürchtig staunen lassen.

Literatur

Dieckmann, H. (1990). *Träume. Das Tor zur inneren Wirklichkeit.* Düsseldorf: Econ.

Dorst, B. (2021). *Therapeutisches Arbeiten mit Symbolen.* 3. Aufl. Stuttgart: Kohlhammer.

Ermann, M. (2005). *Träume und Träumen.* Stuttgart: Kohlhammer.

Ermann, M. (2017). *Die Arbeit mit Träumen bei Freud und heute.* In: Journal für Psychoanalyse, 58, S. 170-184.

Fromm, E. (1977). *Die Kunst des Liebens.* Frankfurt am Main: Ullstein.

Fromm, E. (1980). *Märchen, Mythen, Träume.* Stuttgart: DVA.

Gsteiger, M. (Hg.) (1999). *Träume in der Weltliteratur.* Zürich: Manesse.

Jung, C. G. (1971ff.). *Gesammelte Werke (GW).* Olten: Walter.

Jung, C. G. (1973). *Briefe. Bd. III.* 1956–1961. Olten / Freiburg im Breisgau: Walter.

Kast, V. (2019). *Träumend imaginieren. Einblicke in die Traumwerkstatt.* Göttingen: Vandenhoeck & Ruprecht.

Riedel, I. (1987). *Träume. Wegweiser in neue Lebensphasen.* Stuttgart: Kreuz.

Schimmel, A. (1998). *Die Träume des Kalifen.* München: C. H. Beck.

Brigitte Dorst

Prof. Dr. phil. Dipl.-Psych., appr. Psychotherapeutin, Lehranalytikerin am C. G. Jung-Institut Stuttgart, Supervisorin, Leiterin des Sophia-Zentrums für Meditation und Spirituelle Psychologie in Münster. Zahlreiche Veröffentlichungen, u.a.: Therapeutisches Arbeiten mit Symbolen (3. Aufl. 2021), Resilienz. Seelische Widerstandskräfte stärken (2. Aufl. 2018).

Traumdeutung und empirische Traumforschung

Ein Gespräch mit Christian Roesler

Lieber Christian, Du hast kürzlich im Kohlhammer-Verlag das Buch „Traumdeutung und empirische Traumforschung" herausgegeben, in dem Du die aktuellen Ergebnisse der Traumforschung immer auch in Beziehung zu den Konzepten von Freud und Jung setzt. Was sind für Dich wichtigsten Erkenntnisse?

Was ich sehr überraschend fand, als ich mich damit beschäftigt habe, war, dass die empirische Traumforschung ursprünglich angetreten ist, die psychodynamischen Theorien zu widerlegen, aber letzten Endes doch dabei gelandet ist, viele ihrer Aspekte zu bestätigen. Also z. B., dass Träume nicht nur sinnlose Entladungen des Gehirns sind, sondern durchaus eine Bedeutung haben, in einem engen Zusammenhang mit dem Leben des Träumers stehen und dass insbesondere emotional wichtige Dinge, z. B. ungelöste Probleme, bearbeitet werden. Im Traumgeschehen findet sich also kreatives Potenzial, und es wird nach Lösungen von belastenden Konflikten gesucht. Man kann sagen, die Idee, dass die Träume „nur Schäume" sind, die Aktivierung-Synthese-Theorie, die ist ziemlich klar widerlegt.

Es lässt sich bei Studien im Schlaflabor zeigen, dass sich ein Thema durch die ganze Nacht ziehen kann. Am Anfang der Nacht wird das Problem zunächst präsentiert, also irgendetwas, was einen belastet oder erschreckt oder intensiver beschäftigt hat. In der zweiten Phase werden Erinnerungsspuren aus dem Langzeitgedächtnis aktiviert, und es wird überprüft, ob man früher schon mal für so ein Problem Lösungen gefunden hat. In der letzten Phase der Nacht werden dann im Traum diese Lösungen praktisch getestet. Und, wenn eine gute Antwort gefunden wird, kann es sein, dass das Thema dann ganz im Hintergrund bleibt und auch nicht bewusst wird, so dass man sich auch auch gar nicht daran erinnert.

Dann hat das psychoneuronale System das mehr oder weniger intern allein geklärt?

Genau. Und wenn das Problem sozusagen zu groß ist, also im Extremfall ein stärkeres Trauma bearbeitet wird, dann kriegt der Traum Albtraumcharakter, weil keine Lösung gefunden wird und sich die innere Spannung erhöht. Und dann wacht man auf und erinnert sich.

Kann das auch eintreten, wenn man nicht unbedingt ein Trauma hat, aber in einer Situation gerade nicht weiß, was man jetzt tun soll, weil es so viele zu erledigende Aufgaben gibt, oder man im Stress ist und man noch keine rechte Entscheidung treffen kann, was jetzt das Wichtigste zu tun wäre? Könte das dann auch so eskalieren zu einer Art Albtraum?

Also ein Albtraum muss nicht immer ein Trauma im Hintergrund haben, sondern irgendwas, was einen halt umtreibt, z. B. man hat einen aufregenden Film gesehen, der stärker nachwirkt.

Das würde ja auch bestätigen, was C. G. Jung vermutet hat, dass wir auch am Tage in einem gewissen Sinne weiterträumen, dass also der Selbstregulationsprozess, der versucht, das psychische System im Gleichgewicht, in sich stimmig und konsistent zu halten, hintergründig dauernd weiterläuft, im Wachzustand, im Halbwachzustand und auch im Traum.

Genau, das wäre die sogenannte Kontinuitäts-These, die heute wohl allgemein anerkannt ist. Wobei Forscher auch der Auffassung sind, dass im Traum andere Netzwerke aktiv sind als im Wachzustand. Es ist ein bekanntes Phänomen, das viele Menschen kennen, nicht nur Wissenschaftler und Künstler, dass man manche Fragen und Probleme, die man zuvor nicht lösen konnte, im Traum oder nach dem Aufwachen lösen kann.

Insgesamt lässt sich aus der Darstellung der Traumforschung doch recht deutlich zeigen, dass Träume offenbar tatsächlich eine starke problemlösende Aktivität beinhalten, die in der Lage ist, psychische Spannungen und Konflikte des Wachlebens der Person effektiv zu bearbeiten und damit nicht nur eine psychische Regulationsleistung zu vollbringen, sondern sogar die Entwicklung der Persönlichkeit in Richtung einer stärkeren Integration und einer Balancierung innerpsychischer Kräfte voranzutreiben. Dies spricht deutlich eher für die Position Jungs und die zeitgenössischer psychoanalytischer Traumtheorien, z. B. aus der Selbstpsychologie, während Freud diese problemlösende Kraft des Träumens offenbar unterschätzt hatte.

Bei den allerneuesten Theorien wird der Traum zudem verknüpft mit dem „Default Mode Network." Die Aktivitäten dieses Netzwerkes setzen ein, sobald keine zielgerichtete psychische Aufmerksamkeitsaktivität verfolgt wird – also wann immer wir in einen introspektiven Verarbeitungsprozess wechseln wie beim Gedanken-Wandern und Tagträumen. Wir sind schätzungsweise 30-50% des Wachzustandes in solche Tag-Träume versunken. Das ist eine normale, wesentliche und gesundheitsfördernde mentale Aktivität – wie das Träumen auch. Möglicherweise ist der Unterschied zwischen den beiden Aktivitäten also geringer, als wir denken.

Das ist ja wirklich nahe dran an den tiefenpsychologischen Theorien. Freud hat dem Primärprozess, der nach dem eher unbewussten „Lustprinzip" arbeitet, dann noch den „Sekundärprozess", der sich auf das bewusstere „Realitätsprinzip" bezieht, gegenübergestellt. Jung sprach bereits in „Symbole der Wandlung" von den beiden Arten des Denkens, dem gerichteten und dem ungerichteten (Fantasie-)denken. Und in jüngster Zeit hat der Nobelpreisträger Daniel Kahneman eine Unterscheidung in System 1 und System 2 getroffen, wobei das System 1 unbewusst und schneller arbeitet.

Das wäre ein extrem interessantes Feld für weitere zukünftige Forschung, auch in der Analytischen Psychologie. Wie funktioniert denn dieses primäre System genau? Und Träume sind sozusagen das klarste Fenster, das wir auf diesen Prozess haben.

Insgesamt wird also im Grunde die allgemeine psychodynamische Sichtweise bestätigt. Natürlich nicht alles, was Freud und Jung gedacht haben. Freud hatte sehr weitreichende und ziemlich genaue Vorstellungen über den Traum, die so nicht aufrecht erhalten werden können oder nur sehr teilweise. Der Traum ist nicht Hüter des Schlafes, es geht nicht nur um Sex und Wunscherfüllung, die eigentlichen tabuisierten Wünsche werden nicht immer abgewehrt, zensiert, verzerrt, verhüllt und symbolisiert.

Jung ist bei seiner Traumtheorie deutlich entspannter als Freud. Seine Theorie, dass Träume ein Naturvorgang sind und in ihrer eigenen typischen symbolischen Sprache die psychische Gesamtsituation direkt und ungeschminkt, oft sogar drastischer, dramatischer, emotionaler und übersteigerter als im Wachzustand ausdrücken, ist eigentlich sehr plausibel. Und das wird von den heutigen Traumforschern wie z. B. in Deutschland Michael Schredl auch durchaus gewürdigt. Die psychodynamischen Thesen werden gar nicht mehr als abstrus angesehen, sondern oft ausführlich zitiert.

Ein anderes Thema: Wie siehst Du das mit den luziden Träumen, also den Träumen, in denen man im Traum merkt, dass man träumt, und von daher in das Traumgeschehen bewusster eingreifen kann?

Also mein Eindruck ist, dass das Thema gerade ein bisschen „gehypt" wird. Ich werde von den Studierenden dauernd danach gefragt. Es hat so was von „Mystery" ...

Die Traumforscher sind da eher sehr nüchtern. Also die sagen: Na ja, da kommt ein Aspekt zum Träumen dazu, der normalerweise nicht dabei ist, nämlich das Ich-Bewusstsein. Und aus analytischer Sicht könnte das eher hinderlich sein, denn der Witz ist ja gerade der, dass der Traum einen neuen Aspekt reinbringt und den lässt man dann nicht zu, wenn man sich wieder mit seinem Ich-Bewusstsein einmischt …

Gut, jetzt könnte man sagen, dass es eine Art Aktive Imagination auf einer tieferen Ebene ist…

Ich habe hier die Auffassung, dass wir mit der Aktiven Imagination ja diese Methodik eigentlich schon haben. Im Wachbewusstsein hat man dann viel mehr Steuerungsmöglichkeiten und wahrscheinlich auch einen größeren therapeutischen Gewinn davon.

Allerdings scheint mir wiederum die Autonomie des Unbewussten im luziden Traumzustand höher zu sein als bei der Aktiven Imagination. Man kann nicht vorhersagen, wie die Figuren, mit denen man im Dialog ist, reagieren werden. Diesen Eindruck der Autonomie hatte ich bei meinen Aktiven Imaginationen nicht so. Das ist aber wahrscheinlich eine Frage der Tiefe, auf die man sich einlässt.

Was ich daran noch interessant finde: In der Literatur wird die Existenz des luziden Träumens von philosophischen Erkenntnistheoretikern eher genutzt, die darin einen Beleg sehen, dass wir ohnehin in einer virtuellen Simulation leben. Und natürlich, wenn du im Traum, dir, deiner selbst bewusst wirst, aber du bist in einer inneren Welt, dann stellt sich natürlich noch viel mehr die Frage, was eigentlich die Realität ist und wie ist das mit unserem Zugang zur Realität genau? Die festen Grenzen verschiedener psychischer Bewusstseinszustände werden in Frage gestellt, denn sie alle beruhen letztlich auf denselben mentalen Simulationsprozessen. Es sind verschiedene Formen des Erlebens mit spezifischen Charakteristika und entsprechenden neuronalen Korrelaten.

Vielen Dank, lieber Christian für das Gespräch!

Sehr gerne.

(Das Gespräch mit Christian Roesler führte L. Müller.)

2022. 127 Seiten mit 3 Abb., 3 Tab., ISBN 978-3-17-038432-3, € 29,00

Christian Roesler
Prof. Dr. Dipl.-Psych., Psychologischer Psychotherapeut, lehrt Klinische Psychologie an der Katholischen Hochschule Freiburg i. Br. sowie Analytische Psychologie an der Universität Basel. Dozent und Lehranalytiker, zahlreiche Veröffentlichungen.

Die Realität der Psyche

Die Idee der psychischen Realität könnte man wohl als
die allerwesentlichste Errungenschaft
moderner Psychologie bezeichnen,
wenn sie als solche anerkannt wäre.

Es scheint mir aber nur eine Frage der Zeit zu sein, bis
diese Idee allgemein durchdringt. Sie muß durchdringen,
denn diese Formel allein erlaubt es, die mannigfaltigen
seelischen Erscheinungen in ihrer Eigenart zu würdigen.

Im Grunde genommen sind wir dermaßen in psychische
Bilder eingehüllt, daß wir zum Wesen der Dinge außer
uns überhaupt nicht vordringen können. Alles, was wir je
wissen können, besteht aus psychischem Stoff. Psyche ist
das allerrealste Wesen, weil es das einzig Unmittelbare
ist. Auf diese Realität kann sich der Psychologe berufen,
nämlich auf die Realität des Psychischen.

C. G. Jung, GW 8, § 681

Träum' ich oder wach' ich?

Der neurobiologische Konstruktivismus
– eine Kurzdarstellung –

Gerhard Roth

Seit der Antike befassen sich Philosophen mit der Möglichkeit sicherer Erkenntnisse über die Welt. Dabei ist die Frage, wie man solche Erkenntnisse erlangen kann, seit dem Altertum hoch umstritten. Zugleich stehen die jeweiligen erkenntnistheoretischen Positionen in einem komplexen Verhältnis zur jeweils vertretenen Ontologie, d. h. zur Frage nach dem „Seinszustand" der Welt einschließlich des Erkenntnissubjekts. Der am meisten unter Philosophen und Wissenschaftlern verbreitete ontologische Standpunkt ist der eines Realismus, also die Meinung, dass es eine vom Wahrnehmen und Denken des Menschen, seiner „Wirklichkeit", unabhängige Welt gibt, die entsprechend auch dann nicht aufhört zu existieren, wenn niemand sie wahrnimmt oder über sie nachdenkt. Diese Welt habe ich „Realität" genannt (Roth, 1994/1996).

Die erkenntnistheoretische und ontologische Bedeutung sinnesphysiologischer und neurobiologischer Erkenntnisse

Wie in den gängigen neurobiologischen Lehrbüchern nachzulesen, arbeiten die Rezeptoren der Sinnesorgane aller Lebewesen selektiv, d. h. sie reagieren nur auf bestimmte und oft winzige Ausschnitte aus dem Gesamtspektrum physikalisch-chemischer Umweltereignisse. Sie können deshalb die Welt niemals in ihrer Gänze abbilden – so etwas wäre überlebensbiologisch auch sinnlos.

Bei der Erlebniswelt eines Tieres oder eines Menschen handelt es sich also um seine Wirklichkeit, um eine Welt, die vollständig auf neuronalen Berechnungen beruht. Die Frage, ob „da überhaupt ein Umweltreiz ist bzw. war", kann vom Gehirn nur abgeschätzt werden, besonders wenn es sich um schwache oder uneindeutige Reize handelt. Viele Anteile unserer Wahrnehmungen gehen überdies gar nicht auf aktuelle Umweltreize zurück, sondern sind von den Verarbeitungssystemen „hinzukonstruiert", wie sich schön an optischen Täuschungen zeigen lässt, oder sie stammen aus dem Gedächtnis.

Man kann also allein schon aufgrund der Bauprinzipien und Grundfunktionen von Sinnesrezeptoren bzw. -organen, Nervenzellen und Gehirnen folgern, dass es keine verlässliche Korrespondenz zwischen Realität und Wirklichkeit geben kann. Ob und inwiefern ein Wahrnehmungsinhalt ganz oder partiell irgendeinem externen Geschehen entspricht, ist grundsätzlich nicht überprüfbar, denn hierzu müssten die Gehirnfunktionen über sich hinaustreten können, was zu logischen Paradoxien führt. Es können vom Gehirn intern immer nur Konstrukte (Beobachtungen, Denkakte) mit anderen Konstrukten verglichen werden, und das Ergebnis dieses Vergleichs ist wegen dieser Selbstreferentialität immer mit Unsicherheit behaftet.

Als Neurobiologe nehme ich jedoch aus Plausibilitätsgründen an, dass es eine bewusstseinsunabhängige Realität gibt, in der real existierende Tiere in real existierenden Umwelten überleben, und zwar mithilfe eines Verhaltens, das durch ihr reales Gehirn erzeugt wird. Bei einigen (vielleicht sogar vielen) Tieren einschließlich des Menschen erzeugt dieses reale Gehirn eine Welt bewussten Erlebens, eine Wirklichkeit. Mithilfe dieser Konstruktion ist unser Gehirn in hinreichend vielen Fällen in der Lage, ein zumindest vorübergehendes überlebensförderndes Verhalten zu erzeugen.

Kurz gesagt: In der bewusstseinsunabhängigen Realität bringen real existierende Umwelten reale Tiere mit realen Gehirnen hervor, und diese realen Gehirne erzeugen eine anschaulich erlebte Wirklichkeit. Damit ist schon rein logisch diese Wirklichkeit eine echte Teilmenge der Realität.

Realistisch-kritischer oder radikaler Konstruktivismus?

Wie kaum eine moderne Wissenschaftstheorie hat der „Konstruktivismus" Furore gemacht, wenngleich eher in den Geistes- und Sozialwissenschaften als in den Natur- und Biowissenschaften einschließlich der Psychologie, denen er eigentlich entstammt, wenn man an Autoren wie Jean Piaget, Paul Watzlawik, Ernst von Glasersfeld, Heinz von Foerster, Humberto Maturana und Francisco Varela denkt (wobei letztere Drei sich merkwürdigerweise nie als „Konstruktivisten" verstanden).

Der Konstruktivismus geht davon aus, dass unsere „Erlebniswelt", die Wirklichkeit, ein Konstrukt des Gehirns ist. Das ist inzwischen in den Neurowissenschaften eine Grundannahme, und so etwas kann auch ein erkenntnistheoretischer kritischer Realist akzeptieren (und das sind wohl die meisten Kognitionsforscher), vorausgesetzt unser Gehirn „re-kons-truiert" aufgrund von Sinnesdaten, Gedächtnisinhalten und Denkprozessen die Realität zumindest ungefähr so, „wie sie tatsächlich ist". Das entspricht dann einer kritischen Variante der traditionellen Abbild- oder Widerspiegelungstheorie.

Brisant wird es jedoch, wenn man aus den sinnesphysiologisch-neurobiologischen Erkenntnissen folgern muss, dass das Gehirn gar nichts abbilden kann, also nicht re-konstruiert, sondern konstruiert. Die Vorstellung einer Re-Konstruktion ergibt sich nur dann, wenn wir uns auf einen scheinbar externen Beobachterstandpunkt stellen, von dem aus wir – wiederum scheinbar – gleichzeitig die Realität und ihre Sinnesreize und die Arbeit des Gehirns beurteilen könnten. Dies ist aber ein Trug, denn diese „externe" Beobachtung der Interaktion zwischen Gehirn und Umwelt, etwa im Laborexperiment zur Art des Einflusses optischer Reize auf das visuelle System, findet natürlich innerhalb der Wahrnehmung und Erkenntnis des Beobachters statt, also innerhalb seiner Wirklichkeit – wo sollte das sonst passieren?

Diese Erkenntnis des „In-Sich-Abgeschlossenseins" der Wirklichkeit hat unter anderem zur Formulierung eines radikalen Konstruktivismus geführt, der vornehmlich von Ernst von Glasersfeld vertreten wurde. Dieser impliziert eine radikale Ablehnung genauerer Vorstellun-gen einer bewusstseinsunabhängigen Realität. So heißt es: „Der radikale Konstruktivismus beruht auf der Annahme, daß ... das denkende Subjekt sein Wissen nur auf der Grundlage eigener Erfahrung konstruieren kann. Was wir aus unserer Erfahrung machen, das allein bildet die Welt, in der wir bewußt leben." (von Glasersfeld 1995).

Eine solche Aussage ist allerdings mit schwerwiegenden Problemen behaftet. Bereits rein logisch wird mit dem Gebrauch des Personalpronomens „wir" vorausgesetzt, dass es mehr als ein „ich" gibt, denn unter „wir" wird auf eine vorerst unbestimmte Anzahl solcher „Iche" verwiesen. Dies aber setzt die reale Existenz eines anderen wahrnehmend-fühlend-denkenden Ich voraus – etwas, das der radikale Konstruktivismus als überflüssige Annahme eigentlich ablehnt. Ich habe Sinnesempfindungen von „anderen Personen", habe aber keine Gewissheit, dass diese Personen real existieren und wie sie „eigentlich" beschaffen sind, und muss als radikaler Konstruktivist folglich eine solche Frage als sinnlos ansehen.

Zweitens wird im Zitat behauptet, „wir" würden unsere Wirklichkeit konstruieren. Dieses bewusste Ich, das mit dem „wir" gemeint ist, ist aber keineswegs der Konstrukteur der Wirklichkeit, sondern selbst ein Konstrukt, und zwar von Prozessen, die diesem „Ich" bzw. „Wir" überhaupt nicht bewusstseinsmäßig zugänglich und deshalb auch willentlich nicht beeinflussbar sind.

Ich kann meine Farbempfindung „blau" nicht per Willensakt zu „rot" machen, im Zustand großen Hungers leckere Speisen konstruieren (einschließlich eines darauf folgenden Sättigungsgefühls), ich kann mich nicht willentlich als Gefangener von meinen Ketten befreien usw. Ich kann zwar derartige Illusionen haben, aber diese sind auch nicht Produkte meines Willens, sondern mir unbewusster Vorgänge. Der radikale Konstruktivismus verkommt somit zu einem merkwürdigen idealistischen „Voluntarismus".

Dies zeigt, dass auch ein Konstruktivismus – will er nicht in einen Solipsismus abgleiten – stets Annahmen über bewusstseins-unabhängig existierende Dinge und Prozesse machen muss, ohne welche die Aussagen über Wahrnehmungs- und Erkenntnisprozesse innerhalb und außerhalb der Wissenschaften sinnlos sind.

Der scheinbare Ausweg des radikalen Konstruktivismus auf den Spuren des Mach'schen Positivismus lautet, dass wir in der Lage sind, Widersprüche in unserem Bemühen, Sinnesempfindungen in einen möglichst kohärenten und konsistenten Zusammenhang zu bringen, zu erkennen und zu beseitigen. Sofern bestimmte Widersprüche, etwa zwischen der klassisch-mechanistischen Physik und der Quantenphysik bzw. der Relativitätstheorie, als sinnliche Erfahrungen auftauchen, müssen wir nach Mach (1885/1991) und von Glasersfeld so lange „herumprobieren", bis die Widersprüche verschwinden. Mach bezeichnet dies als Anpassung von Gedanken an Gedanken und nicht etwa an eine bewusstseinsunabhängige Realität. Er müsste konsequenterweise sagen: „Anpassung meiner Gedanken an meine Gedanken", denn er kann ja (wie bereits erwähnt) nichts über die Gedanken anderer Menschen aussagen. Warum er darüber auch noch Bücher schreibt, wenn nicht für sich allein, bleibt rätselhaft inkonsequent.

In den Naturwissenschaften ist es jedoch spätestens seit dem Aufkommen der Quantenphysik zu Widersprüchen gekommen, die generell nicht behebbar erscheinen, sondern als Anzeichen unübersteigbarer Schranken unserer Vorstellungen gelten können wie im Falle des Welle-Teilchen-Dualismus bei Elektronen und Lichtquanten.

Dies nötigt uns zum Abschied von der Frage nach dem „Wesen der Dinge", also dem Essentialismus. Die Gegenstände der Physik bestehen aus denjenigen Eigenschaften, die wir an ihnen beobachten und messen können – ein „Wesen" dahinter, etwa in Form einer Platonischen Ideenwelt, gibt es nicht.

Deshalb erscheint es sinnlos zu fragen, was die Elementarteilchen, die sich je nach Experiment einmal als Welle und einmal als Teilchen zeigen, „tatsächlich" sind. Im Rahmen der Quantenfeld-Theorie wird versucht, diese Paradoxie dadurch aufzulösen, indem man die Teilchen als diskrete Anregungen des Quantenfeldes interpretiert, dem man allerdings nicht einmal eine reale physikalische Existenz (eine „Dinghaftigkeit") zusprechen will. Einstein betonte bereits in diesem Zusammenhang, das Licht sei weder Welle noch Teil-

Arthur Schopenhauer (1788-1860) gilt als einer der philosophischen Vordenker der Tiefenpsychologie. In seinem Hauptwerk „Die Welt als Wille und Vorstellung", an dem er sein Leben lang arbeitete, postuliert er einen „blinden" unbewussten Lebensdrang (den Willen), der den Menschen steuert („Der Mensch kann zwar tun was er will, aber er kann nicht wollen, was er will.") Dieser Wille erzeugt von sich und der Welt eine Vorstellung. Wir Menschen sind gefangen in diesen Vorstellungen, denn das „wahre und wirkliche" Wesen hinter allem bleibt uns ewig verborgen.

chen, sondern dies seien eben unzulängliche menschliche Vorstellungen einer Welt, die unsere Vorstellungen übersteige.

Wir sind also im Rahmen eines vernünftigen erkenntnistheoretischen Konstruktivismus gezwungen, das Vorhandensein einer Realität anzunehmen, selbst wenn wir dabei wissen, dass diese Annahme nur ein Denkmodell ist. Immerhin setzt wissenschaftliches Tun zumindest die Annahme der Existenz anderer Menschen und damit anderer Wissenschaftler als Basis einer intersubjektiven Erkenntnissuche voraus, und dies tut auch jeder Skeptiker, Positivist und radikale Konstruktivist, wenn er Artikel und Bücher schreibt.

Das Unbewusste – die unbekannte Welt in uns

Genauso schwierig wie die Frage nach der Erkenntnis einer objektiven Realität jenseits unserer Wirklichkeit ist diejenige nach der Erkennbarkeit unbewusster Prozesse in unserer Psyche. Dies wurde spätestens seit Sigmund Freud ausführlich thematisiert, auch wenn es historisch falsch ist, Freud als den „Entdecker des Unbewussten" anzusehen.

Umstritten ist bis heute, in welchem Maße Freud meinte, Prozesse, die im Unbewussten angesiedelt sind, könnten bewusst gemacht werden. Ein wichtiger Teil der von ihm entwickelte Psychoanalyse gilt zwar gemeinhin als „das Bewusstmachen des Unbewussten", aber an manchen Stellen seines Werkes sieht er den Erfolg dieses Vorgangs skeptisch und spricht von „Mutmaßungen" über etwas nie direkt Erfahrbares.

In den vergangenen Jahren haben sich Neurowissenschaftler unabhängig von Freud und der Psychoanalyse intensiv mit der Beziehung zwischen dem Unbewussten und dem Bewussten einschließlich des bewusst Erinnerbaren (also dem Vorbewussten, das in unserem Gedächtnis vorliegt) befasst sowie mit dem Vorgang, wie und unter welchen Bedingungen im Gehirn Unbewusstes bewusst wird. Ich habe dies an anderer Stelle ausführlicher erläutert (vgl. Roth, 2021) und will mich hier kurz fassen.

Die bisher vorliegenden empirischen Untersuchungen zeigen, dass Prozesse, die im Gehirn außerhalb der Großhirnrinde ablaufen, grundsätzlich unbewusst sind. Aber auch von den im Cortex stattfindenden Prozessen sind nur diejenigen von Bewusstsein begleitet, die in den sogenannten „assoziativen" Arealen ablaufen; primäre und sekundäre sensorische und motorische Prozesse im Cortex sind ebenfalls unbewusst.

Weiterhin gilt, dass diese unbewussten Prozesse auf keinerlei Weise bewusst gemacht werden können. Was zum Beispiel in der Amygdala oder in den Basalganglien abläuft, ist prinzipiell bild-, ton-, geruch-, geschmacklos usw., sondern es handelt sich um neuronale Prozesse, von denen einige bewusst werden, wenn sie Erregungen in die assoziativen Areale des Cortex senden. Diese subcorticalen Prozesse haben auch keinerlei erlebte Bedeutung, sondern erhalten diese erst durch corticale Bewertungsprozesse. Auch können bewusste Sinnesempfindungen nicht verlässlich auf eine unbewusste Verarbeitung von Sinnesreizen zurückgeführt werden, denn vieles davon stammt, wie bereits erwähnt, aus dem Gedächtnis und nicht aus aktuellen sensorischen Prozessen. Aber diese Mischung können wir nicht erlebnismäßig nachvollziehen, sondern höchstens in komplizierten Experimenten analysieren.

Dasselbe gilt für Gefühle als bewusste Emotionen: Wir können durchaus auf der Ebene der unbewusst arbeitenden limbischen Zentren wie der Amygdala oder des Nucleus accumbens von Emotionen im Sinne von Antriebssignalen zum Zweck der Verhaltenssteuerung sprechen, aber die Umsetzung solcher unbewusster Emotionen in bewusste Gefühle erfolgt unter massiver Beteiligung früherer Erfahrungen, aber auch das merken wir nicht.

Wir können eben nicht in unser Unbewusstes blicken! Dies trifft ebenfalls für die Arbeit des Psychiaters und Psychotherapeuten zu, denn auch er kann nicht, selbst wenn er Freud oder Jung heißt, direkt ins Unbewusste schauen. Er hat gegenüber dem Patienten jedoch den Vorteil, dass er bei der Deutung unbewusster Vorgänge im Patienten nonverbale Reaktionen der Mimik, Gestik, Stimmintonation, des Körpers und des Verhaltens bei der Deutung hinzuziehen und sich mehr oder weniger plausible Vorstellungen von unbewussten Zuständen des Patienten machen kann – nicht mehr und nicht weniger.

Leider gilt dies auch für die Aussagekraft von Träumen, die Freud zumindest in jungen Jahren als „den Königsweg zum Unbewussten" betrachtete, und die auch in der Analytischen Psychologie C. G. Jungs eine große Rolle spielen. Es ist in ca. hundert Jahren empirischer Traumforschung nicht gelungen, einen verlässlichen Zusammenhang zwischen Trauminhalten und unbewussten Zuständen herzustellen. In der gegenwärtigen neurobiologischen Traumforschung ist nur klar, dass es sich bei Träumen um einen besonderen Bewusstseinszustand der Großhirnrinde mit einem engen Bezug zu dem dort angesiedelten episodisch-autobiographischen Langzeitgedächtnis handelt.

Zugleich steht auch für die Neurowissenschaften völlig außer Frage, dass das Unbe-

Gerhard Roth

Über den Menschen

Stuttgart: Suhrkamp 2021, 368 S.
ISBN: 978-3518587669

Der bekannte Hirnforscher und Philosoph Gerhard Roth fasst in diesem Buch seine grundlegenden neuropsychologischen Erkenntnisse zusammen und untermauert darin auch manche Hypothesen der tiefenpsychologischen und psychodynamischen Richtungen.

Neben den Schlussfolgerungen, die aus dem hier dargestellten neurobiologschen Konstruktivismus zu ziehen sind, fasst er weitere wichtige Ergebnisse der Hirnforschung zusammen:

- Der Mensch ist nicht einzigartig, sondern Teil der evolutionären Entwicklung und viele seiner Fähigkeiten und Funktionen finden sich in ähnlicher Weise oder zumindest in Vorstufen auch schon bei manchen Tieren.

- Geist und Gehirn sind keine voneinander unabhängigen und wesensverschiedenen Aspekte.

- Die Vergesellschaftung und Kulturentwicklung des Menschen vollzieht sich in engstem Zusammenhang mit der Entwicklung des Gehirns.

- Die menschliche Persönlichkeit ist das Ergebnis vieler formender Faktoren: Gene und epigenetische Regulationsmechanismen, vorgeburtliche, früh- und nachgeburtliche Einflüsse, Sozialisation und individuelle Lernerfahrungen. Damit kann der alte Streit um die Frage „Anlage oder Umwelt" als obsolet angesehen werden.

- Psychische Störungen und z. B. kriminelles Verhalten sind nicht das Resultat einzelner Gene oder einzelner Faktoren, sondern das Ergebnis vieler pathogener Einflussgrößen, insbesondere von frühkindlichen Störungen in den Bereichen der Stressverarbeitung, der Fähigkeit zur Selbstberuhigung und der Bindung.

- Unbewusste Verarbeitungsprozesse kontrollieren das Bewusstsein stärker als umgekehrt. Das Bewusstsein hat nur geringe Einsicht in die unbewussten Determinanten des Erlebens und Handelns.

- Unser Ich-Erleben beruht nicht auf einer festen Ich-Struktur, die sich im Gehirn einer bestimmten Region zuordnen lässt, sondern ist das Ergebnis einer Konstruktion, eines synchronen Zusammenwirkens vieler „Module" (z. B. Körper-Erleben, Zeit- und Raum- und Identitätserleben, autobiografisches Gedächtnis ...), die bei einzelnen Erkrankungen auch einzeln ausfallen können (vgl. z. B. Schlaganfall, Amnesien, Demenz). Das Ich ist nicht der „Organisator" oder „Steuermann" des psychischen Geschehens, aber das Ich-Erleben ist ein wichtiger Faktor für die Orientierung, die Realitätsanpassung und die Verhaltenssteuerung.

- Aufgrund der Vielfalt und Komplexität aller Einflüsse, der unbewussten Motivationen und der Gewohnheiten ist der in unserer Gesellschaft verbreitete Veränderungsoptimismus nicht gerechtfertigt.

deutung und bedetung

wusste für unsere Psyche und Persönlichkeit größte Bedeutung hat, vielleicht mehr noch als das Bewusste (vgl. Roth und Strüber, 2019).

Aber das bewusst Erlebte ist genauso wie die bewussten sinnlichen Erfahrungen ein Konstrukt des Gehirns – genauer der assoziativen Großhirnrinde –, welches keine verlässliche Auskunft über das eventuell zugrunde liegende Unbewusste zulässt. So gibt es Angstzustände, die nicht von starken unbewusst-subcorticalen Erregungen etwa der Amygdala begleitet sind, sondern aus dem Angstgedächtnis stammen, und es gibt unbewusste aversive Zustände, die sich nicht in bewusste Furcht und Angst umsetzen. Das Unbewusste ist genauso wie die „objektive Realität" der Erkenntnistheoretiker eine Welt, zu der wir keinen direkten Zugang haben.

Zusammenfassung

Die Berücksichtigung der Forschungsergebnisse der modernen Neuro- und Kognitionsforschung hat große Bedeutung für die philosophische Erkenntnistheorie, da sie jegliche realistische erkenntnistheoretische Position, d. h. die Anschauung, man könne trotz bestimmter Täuschungen und Verzerrungen mit den Mitteln der Wissenschaft objektive Erkenntnisse gewinnen, als unakzeptabel erscheinen lassen.

Das menschliche (aber auch tierische) Gehirn kann prinzipiell nicht auf die reale Welt zugreifen, sondern hat als „Konstruktionsmaterial" selbsterzeugte elektrische und chemische Erregungen, aus denen es aufgrund stammesgeschichtlicher Konstrukte und individueller Erfahrungen ein momentan hinreichend plausibles Konstrukt der Realität erzeugt, die „Wirklichkeit".

Dabei kann es nicht – sozusagen über sich selbst hinaussteigend – dieses Konstrukt mit der Realität vergleichen, wie es ein Realismus voraussetzen würde: Das Konstrukt ist für uns (ebenfalls ein Konstrukt, das einzig Gegebene. Es gleicht dem Dilemma eines Archäologen, der antike Bruchstücke zu irgendetwas Plausiblem zusammenzusetzen versucht, ohne irgendeine Idee vom Original zu haben.

Der neurobiologische Konstruktivismus teilt mit dem radikalen Konstruktivismus eine Skepsis gegenüber einer realistischen Erkenntnistheorie, hält aber den Verzicht auf eine heuristische Annahme einer bewusstseinsunabhängigen Realität für unfruchtbar. Ohne die Annahme einer solche Realität geraten wir in tiefe logische Widersprüche, wenn wir Wissenschaft betreiben. Wissenschaft ist nicht die Suche nach objektiver Wahrheit, sondern nach einer jeweils hinreichend plausiblen Erklärung von Befunden innerhalb unserer Wirklichkeit.

Literatur

Glasersfeld, E. von (1995). *Radikaler Konstruktivismus: Ideen, Ergebnisse, Probleme*. Frankfurt a.M.: Suhrkamp.

Mach, E. (1885/1991). *Analyse der Empfindungen*. Darmstadt: Wiss. Buchgesellschaft.

Roth, G. (1994/96). *Das Gehirn und seine Wirklichkeit. Kognitive Neurobiologie und ihre philosophischen Konsequenzen*. Frankfurt a.M.: Suhrkamp.

Roth, G. (2010). *Wie einzigartig ist der Mensch? Die lange Evolution der Gehirne und des Geistes*. Berlin-Heidelberg: Spektrum Akademischer Verlag.

Roth, G. (2013). *The long evolution of brains and minds*. Berlin, Heidelberg, New York: Springer.

Roth, G. und N. Strüber (2019). *Wie das Gehirn die Seele macht*. Stuttgart: Klett-Cotta.

Roth, G. (2021). *Über den Menschen*. Berlin: Suhrkamp.

Dieser Beitrag wurde aus Platzgründen gekürzt und kann in gesamtem Umfang als PDF unter: www.opus-magnum.com (downloads) herunterladen werden.

Gerhard Roth
Prof. Dr. Dr., geb. 1942, promovierter Philosoph und Biologe, Professor für Verhaltensphysiologie und Entwicklungsneurobiologie am Institut für Hirnforschung der Universität Bremen und Geschäftsführer der Roth GmbH – Applied Neuroscience. In der Zeitschrift Cicero (Oktober 2009) wurde Gerhard Roth als der bedeutendste Naturwissenschaftler in Deutschland ausgezeichnet. 2011 wurde ihm das Bundesverdienstkreuz erster Klasse verliehen.

Die Kunst des Miteinander-Redens
Über die Bedeutung des Dialogs in Gesellschaft und Politik

Bernhard Pörksen und Friedemann Schulz von Thun

Was vergiftet die Debatte? Und wie gelingt der Dialog? Ist die Polarisierung der Kommunikation prinzipiell schlecht? Ein Gespräch zwischen dem Medienwissenschaftler Bernhard Pörksen und dem Psychologen Friedemann Schulz von Thun über Hass und Hypermoral und die Kunst des Miteinander-Redens in Zeiten der großen Gereiztheit.

Pörksen: Vor uns auf dem Tisch liegt ein kleines Buch des Kommunikationsforschers und Ironiekünstlers Paul Watzlawick, das den Titel *Anleitung zum Unglücklichsein* trägt. Es ist ein Anti-Ratgeber von vollendeter Boshaftigkeit, eine Totalveräppelung von Optimierungs-Rezepten jeder Art ...

Schulz von Thun: ... und das Paradebeispiel einer paradoxen Intervention, wie Psychotherapeuten sagen würden. Man verschreibt das, was man eigentlich verhindern will, in der Hoffnung, beim Adressaten Kräfte des Widerstandes zu mobilisieren.

Pörksen: Das ist der Grundgedanke, ja. Mein Vorschlag lautet, dass wir diesen Anti-Ratgeber als Anregung aufgreifen, um der Frage nachzugehen: Wie ließe sich eine Anleitung zur effektiven Polarisierung formulieren? Welche Tipps müsste man beherzigen, um maximal Zwietracht zu säen?

Schulz von Thun: Ich warne vor zu viel Ironie und einem Übermaß an humorvoller Entspanntheit bei diesem heiklen Thema. Und doch gilt es zunächst, eine einzige Grundüberzeugung tief zu verinnerlichen, die da heißt: „Ich bin das Ideal – und du bist der Skandal!" Das Gegenüber in seiner ganzen Erbärmlichkeit und sich selbst hingegen als Wunderwerk der Erleuchtung zu präsentieren, das wäre die Aufgabe.

Pörksen: Das Fertigrezept zur effektiven Polarisierung, das man – ganz unironisch – empfehlen kann, heißt also: „Praktiziere die maximale Abwertung des anderen bei gleichzeitiger Glorifizierung der eigenen Person und Position ..."

Schulz von Thun: ...und dazu ist ein hohes moralisches Podest nötig, auf dem ich mich selbst platziere, um meinen eigenen Standpunkt im Glanz der Humanität erscheinen zu lassen. Ich sonne mich im Wertehimmel, während ich den anderen im Keller der Negativität verorte.

Pörksen: ... und nun kann die sprachliche Aufrüstung aller Beteiligten beginnen ...

Schulz von Thun: So ist es, ja. Wenn ich dieser Grundüberzeugung den entsprechenden Brustton verleihe, dann habe ich auch rasch die entsprechenden Formulierungen parat, die den anderen entweder als dumm oder als unmoralisch oder als krank erscheinen lassen.

Pörksen: Auch der unbedingte Wahrheitsglaube ist ein Katalysator, um Konflikte erst so richtig hochkochen zu lassen, einen gerade noch gleichberechtigten Austausch in eine Art Begradigungs- und Bekehrungsgespräch zu verwandeln, oder?

Schulz von Thun: Stimmt. Jedoch muss man sofort hinzufügen, dass es fatalerweise in manchen Situationen wirklich nur eine Wahrheit gibt. Wenn Sie jetzt gestern zu mir nach Hamburg gekommen wären, um dieses Gespräch zu führen, aber ich erst heute mit Ihnen gerechnet hätte, dann könnten wir klären, wer von uns denn nun Recht hat. Wir machen den Faktencheck, schauen in unseren Mailwechsel und sehen: Einer von uns beiden hat sich leider geirrt.

Pörksen: Paul Watzlawick unterscheidet – auch wenn das erkenntnisphilosophisch naiv klingen mag und nicht immer in dieser Klarheit funktioniert – eine Wirklichkeit erster Ordnung; das sind die unbezweifelbaren Wahrnehmungen, über die man nicht sinnvoll streiten kann. Die Wirklichkeit zweiter Ordnung entsteht hingegen erst im Akt der Interpretation, so seine Annahme. Hier konstruieren wir Bedeutungen.

Schulz von Thun: Das ist eine erhellende Unterscheidung. Denn es geschieht oft, dass wir im Modus der Logik und der Faktenverarbeitung, ausgestattet mit dem dort hilfreichen Instrumentenkoffer, in die Welt der subjektiven Konstruktionen hinübergleiten und den dort unpassenden Koffer auspacken. Dann sagen wir nicht: „Aha, so siehst du das!", sondern sagen: „Das siehst du falsch, das ist doch Quatsch, da bist du unlogisch, da blendest du die Tatsachen X und Y aus!"

Pörksen: Damit erscheint die eigene, eigentlich ganz subjektive Bewertung als absolut richtige und einzig mögliche Position.

Schulz von Thun: Genau. Das ist ein Kunst- und Kategorienfehler, der einen Konflikt fruchtlos verschärft und unlösbar werden lässt. Man tut dann so, als ließen sich die eigenen Bewertungen letztgültig verifizieren, die des anderen jedoch als objektiv unwahr kritisieren und tritt mit großem Wahrheits- und Überzeugungsfuror in einer Sphäre auf, in der dies nicht angebracht und angemessen ist.

Pörksen: Wir tun ja in unserem bisherigen Gespräch so, als seien der robuste Wahrheitsdisput und die polarisierende Kommunikation eigentlich immer des Teufels. Aber stimmt das überhaupt? Ich würde sagen: Polarisierende Kommunikation bietet doch immerhin die Klärungschance im Konflikt. Und sie ist ein geistiges Fortbewegungsmittel. Sehen Sie das auch so?

Schulz von Thun: Auf der sachlichen Ebene unbedingt! Dort hat die polarisierende Konfrontation den Vorteil, dass sie einen Gegensatz erst prägnant werden lässt, ihn überhaupt fassbar macht und mit Leben erfüllt. Das darf jedoch nicht den Endpunkt in einer Auseinandersetzung bilden, sondern eine Zwischenphase und ein Durchgangsstadium der Konfliktbearbeitung. Denn wir wissen ja auch, dass Konflikte ungeheuer zerstörerisch sein können. Und das heißt, dass es stets beides braucht, die Bereitschaft zum Streit und ein Mindestmaß an Verständnis und Empathie. Das gelingende Miteinander und die glückende, manchmal eben auch harte Auseinandersetzung in der Sache wären dann so etwas wie ein „liebender Kampf", von dem Karl Jaspers spricht. Das wären mein Ideal und meine Utopie.

Pörksen: Mir scheint jedoch, dass das Modell des Stuhlkreises – es gilt, stets verständnisvoll aufzutreten und wertschätzend zu formulieren, der robuste Streit ist eigentlich verpönt – längst sehr dominiert. Und ich frage mich, ob die gesellschaftliche Mitte und ein therapieerfahrenes, über alle Maßen sensibles Milieu in diesen Zeiten den Streit und auch die Lust am Dissens nicht erst wieder neu lernen müssen.

Schulz von Thun: Darf ich zurückfragen: Was haben Sie gegen den Stuhlkreis?

Pörksen: Meine Befürchtung: Das Stuhlkreis-Modell hat nicht ausreichend auf die neue Schärfe im kommunikativen Raum der Gesellschaft vorbereitet. Man muss in einer Zeit, in der sich die Grenzen des Sagbaren so rasant verschieben und die populistischen Vereinfacher an Macht gewinnen, selbst härter diskutieren, klarer rote Linien einer Debatte definieren und robuster auftreten.

Schulz von Thun: Die Streitbarkeit gehört unbedingt zur kommunikativen Grundausrüstung, aber sie lässt sich eben auch in einem Stuhlkreis einüben, denn die Arbeit dort soll sich ja nicht in wohliger Wertschätzung, emotionaler Berührbarkeit und sensibler Achtsamkeit erschöpfen. Die eigene Auffassung so klar und aufrichtig wie möglich zu formulieren, auch wenn man damit die Beziehungsharmonie gefährdet – und sie dann aber so auf den Weg zu schicken, dass sie beim Gegenüber verständlich und ehrschonend ankommen kann – das steht in unseren Seminaren auf dem Lehrplan. Kurzum: Die Stuhlkreisgefahr, die Sie beschreiben, ist längst erkannt und gebannt.

Pörksen: Das trifft gewiss für Ihre eigene Arbeit zu, aber gesellschaftlich betrachtet bin ich anderer Auffassung. Hier beobachte ich eher eine widersprüchliche Kommunikationsentwicklung, eine paradoxe Gleichzeitigkeit des Verschiedenen. Auf der einen Seite gibt es insbesondere im Netz ein zunehmendes Maß an verbaler Aggression. Auf der anderen Seite gibt es in manchen Milieus eine Behutsamkeit und moralisierende Betulichkeit, die etwas Irreales hat. Sie simuliert in scharfem Kontrast zu der entfesselten Hasskommunikation der digitalen Öffentlichkeit eine Idylle, die längst nicht mehr existiert. Aber aus meiner Sicht fehlt genau die Zwischenform, die Sie beschreiben, der liebende Kampf, die richtige Mischung aus Konfrontations- und Gesprächsbereitschaft – dies alles in der Gewissheit, dass es sich lohnt, nach Möglichkeiten des Ausgleichs und der Kompromissfindung zu suchen.

Schulz von Thun: Sie mögen Recht haben mit dieser Diagnose, und ich will sofort einräumen: Ich bin kein Gesellschaftsforscher und kein ausgewiesener Gesellschaftsanalytiker. Aber noch einmal: Für mich ist die Polarisierung eine fruchtbare Zwischenphase in der Auseinandersetzung, nicht mehr und nicht weniger.

Pörksen: In der Welt des Politischen muss die polarisierende Konfrontation aber doch nicht immer nur ein Übergangsstadium sein, oder? Denn Politik lebt immer auch von Kontroversen, die nicht zu einem Ende oder einer Synthese höherer Ordnung gelangen. Die Frage ist dann nur, wie man die Unterschiede mit aller Deutlichkeit sichtbar macht, ohne das Kommunikationsklima zu ruinieren. Würden Sie dies auch so sehen?

Schulz von Thun: Zunächst ja, aber dann doch nicht ganz. Jawohl, es geht im Politischen immer auch darum, einen Gegensatz transparent zu machen, um überhaupt eine Unterscheidungsmöglichkeit sichtbar werden zu lassen. Das stimmt und ist insbesondere im Wahlkampf und in der Phase eines parteiinternen Wettbewerbs geboten. Irgendwann kommt aber der Zeitpunkt, wo es die politische Klugheit gebietet, nach einer integralen Lösung zu suchen. Das ist eine Klugheit, die auch den Gesichtspunkt der Gegenseite, so-

fern er als diskussionswürdig erkannt worden ist, mit berücksichtigt.

Pörksen: Wenn wir jetzt die Perspektive drehen: Wie könnte dann die Entkrampfung gelingen? Gibt es für Sie einen Schlüsselsatz, eine Leitformel auf dem Weg zur Depolarisierung, die zumindest die Richtung weist?

Schulz von Thun: Mein Vorschlag für einen solchen Schlüsselsatz lautet: Die Wahrheit beginnt zu zweit. Das heißt, dass es darum geht, den wertvollen, richtigen, vielleicht jedoch noch verborgenen Kern in der Auffassung des anderen zu entdecken, selbst wenn er diese womöglich gerade in unzumutbar erscheinender oder schwächelnder Weise von sich gibt. Es geht um die stimmige Mischung aus Trennschärfe und Streitbarkeit, Empathie und Wertschätzung, so dass man sich auf Augenhöhe begegnet und eine höhere Wahrheit erarbeiten kann.

Pörksen: In Ihrer Leitformel steckt die Aufforderung, dem anderen als Person grundsätzlich mit Wohlwollen und Wertschätzung zu begegnen.

Schulz von Thun: … bei aller gebotenen Trennschärfe! Wertschätzung ist kein Weichspüler! Jawohl, der Person mit Wertschätzung und Respekt begegnen, seiner Auffassung jedoch nur in dem Maße, wie sie es verdient! Es ist die verbreitete Gleichsetzung von Standpunkt und Person, die es so schwer macht, der Abwertungsspirale zu entkommen. Nach dem Motto: „Was du von dir gibst, ist derart idiotisch, dass es nur von einem Idioten kommen kann!" Dabei geht es darum, dem anderen Menschen seine Würde zu lassen, ganz nach dem englischen Sprichwort: „Kick the ball and not the player!

Pörksen: Aber ist diese so reflektierte Gleichzeitigkeit von personenbezogener Wertschätzung, sachbezogener Kritik und eigener Standpunktsetzung, die Sie fordern, nicht ein bisschen viel verlangt? Man muss ja eigentlich, wenn ich Ihnen folge, mehrere Kommunikationsbewegungen gleichzeitig durchführen – die empathische Annäherung und die entschiedene Abgrenzung, die Zuwendung und die Betonung des Unterschieds. Ich frage mich, ob wir mit einer solchen Tugendforderung tatsächlich weiterkommen, weil man hier ein kaum leistbares Maß an innerer Geklärtheit, geistiger Beweglichkeit und grundsätzlicher Menschenfreundlichkeit voraussetzt.

Schulz von Thun: Richtig, das ist ein anspruchsvolles Ideal – und glauben Sie nicht, dass ich selbst das immer hinkriege! – Und doch: Es muss nicht bei einer idyllischen Sonntagspredigt bleiben, eine solche Konfliktfähigkeit kann man einüben! Da uns das Menschliche nicht gegeben, sondern aufgegeben ist, sollten wir eine solche Haltung im Konflikt als Entwicklungsziel anstreben. Ideale stellen den Kompass, und der Weg ist das Ziel.

Pörksen: Und doch: Setzt man damit nicht einen Menschen voraus, den es gar nicht oder doch gar zu selten gibt? Vielleicht kennen Sie diesen Psychotherapeutenwitz, der das Problem veranschaulicht. Die Fangfrage: „-Wie viele Psychotherapeuten braucht man, um eine Glühbirne in die Fassung zu drehen?" – Die Antwort: „Einen, aber die Glühbirne muss wollen!" Frei auf unser Thema angewandt, heißt dies: „Wie viele Kommunikationspsychologen braucht man, um einen Konflikt zu entschärfen? – Einen, aber alle Beteiligten müssen mitmachen!"

Schulz von Thun: Über diesen Witz werde ich jetzt nicht lachen, auch wenn ich sofort einräumen muss, dass es offenbar auch Menschen gibt, die ein Klima feindseliger Polarisierung zu genießen scheinen und in fortwährender Gehässigkeit eine Art Erfüllung finden. Der Volksmund sagt: Es kann kein Mensch in Frieden leben, wenn es dem bösen Nachbarn nicht gefällt. Aber die gute Nachricht ist: Ob der Nachbar böse ist, hängt oft nicht von seinen ihm innewohnenden Eigenschaften ab, sondern (auch) davon, wie ich ihm begegne.

Bernhard Pörksen
Professor für Medienwissenschaft an der Universität Tübingen.

Friedemann Schulz von Thun
bis 2009 Professor für Psychologie an der Universität Hamburg.

Bernhard Pörksen
Friedemann Schulz von Thun

Die Kunst
des Miteinander-
Redens

Über den Dialog in
Gesellschaft und Politik

HANSER

Dieses Gespräch ist ein von den beiden Gesprächspartnern bearbeiteter und gekürzter Auszug aus ihrem aktuellen Buch *Die Kunst des Miteinander-Redens. Über den Dialog in Gesellschaft und Politik.* München: Carl Hanser. 224 Seiten, 20 Euro,

Mentalisieren – dem Inneren eine Bedeutung beimessen

Elisabeth Schörry-Volk

Foto: Kateryna Kovarzh (Adobe Stock 302643137)

Der psychotherapeutische Prozess war schon über längere Zeit ins Stocken geraten. Die Isolation unter Corona-Bedingungen machte alles noch schlimmer. Sprachlosigkeit, Rückzug in virtuelle Welten; es passierte nichts draußen, kein Unterricht, kein Treffen mit Freunden, die Familie weit weg –eine Einsamkeit, für die es keine Worte zu geben schien, eine bilderlose Leere verbunden mit viel Angst, namenloser Angst.

Meine Interventionen schienen im Raum zu verhallen, schienen keine Resonanz auszulösen. Mein damals 16-jähriger Patient räkelte sich gähnend, schamhaft und sich geradezu fläzend auf dem Stuhl. Ich spürte Resignation bei mir, Zweifel, ob ich etwas bewirken könne. Dennoch hatte sich mein Patient ja bei Eis und Schnee auf den Weg gemacht zu mir. Während ich so diesen Gedanken nachhing, beobachtete ich, wie sich die Bewegungen des Jugendlichen veränderten.

Er schien sich auf die Schenkel zu klopfen, zuerst sachte, dann stärker. Was hatte es zu bedeuten, fragte ich mich. Allmählich schien es sich zu einem Klatschen zu entwickeln und rhythmische Formen anzunehmen. Ich beobachtete das Ganze weiter. Bewegten sich nicht auch seine Füße? Ja, der ganze Körper kam plötzlich ins Schwingen und ja, allmählich summte gar dieser große Kerl, summte und sang leise vor sich hin. Verwundert und höchst interessiert verfolgte ich alles. „Kennen Sie das nicht?" fragte er mich, „hab ich früher immer gesungen", sagte er und wagte es, mir vorzusingen, leicht verschämt: „Warum bin ich so fröhlich? So fröhlich, so fröhlich. Bin ausgesprochen fröhlich, so fröhlich war ich nie. Ich war schon öfter fröhlich, ganz fröhlich, ganz fröhlich. Doch so verblüffend fröhlich war ich bis heut noch nie."

Er sang es leise vor sich hin, aber doch so, dass ich teilhaben konnte an seiner Erinnerung, an der auftauchenden freudigen Emotion. Dabei schien er ganz bei sich zu sein. Wie in Trance klatschte und trommelte er mit den Händen, stampfte mit den Füßen und wiegte seinen Körper rhythmisch hin und her. Ein bewegender, fast heiliger Moment. Die Stunde war schon bald zu Ende. Mit diesem Gefühl verabschiedeten wir uns.

Später recherchierte ich nach dem Lied (Autor: Herman van Veen), hörte es mir an. Es begleitet uns seither immer wieder, manchmal auch mich alleine, dann verbindet es uns trotz Trennung. Alleine für mich entdeckte ich auch die nächste Strophe: Ich bin auch schon mal traurig, so abgrundtief traurig. Dann bin ich schaurig traurig. Dann tut mir alles weh.

Eine Bedeutung suchend

Hier soll und kann es nicht um die Fallvignette als Ganzes gehen, vielmehr möchte ich die Szene als Ausgangspunkt nehmen, um über die Bedeutung von Mentalisierung nachzudenken, so dass es auch möglich wird, die in der Szene herausbrechende, überwältigende und nach Bedeutung suchende Emotion besser zu verstehen. Aus einem hoch aufgeladenen Selbstwertkomplex kommend, drängt aus dem Körpergedächtnis ein starker, aber zunächst undifferenzierter Affekt an, haftet sich an eine Melodie, findet einen Rhythmus, erfasst den ganzen Körper, breitet sich zwischen uns aus, Resonanz suchend, bewirkt einen Moment intensiver Berührung; zweifelsohne ein Gegenwartsmoment (engl. now moment; ein Begriff des Säuglings- und Kleinkindforschers Daniel Stern) … Warum bin ich so fröhlich, so fröhlich …ein intensiver Moment, der geteilt und verstanden werden will, über den nachgedacht werden soll, Bedeutung suchend …

Mentalisierung und Psychotherapie

Es ist das zentrale Anliegen jedweder Psychotherapie, mit Patienten und Patientinnen gemeinsam ihrem Leben mit seinen Erfahrungen und diesbezüglichen Emotionen, Ängsten und Hoffnungen nachzuspüren und ihnen Bedeutung zu geben. In diesem Zusammenhang scheinen die Ergebnisse der Psychotherapieforschung der letzten Jahrzehnte bedeutsam (vgl. Wampold et. al., 2018). So konnte unter anderem festgestellt werden, dass keine der evidenzbasierten Therapieformen einer anderen überlegen ist; auch ergab die Forschung, dass die therapeutische Beziehung der zentrale Wirkfaktor der psychotherapeutischen Behandlung ist.

Heilend ist demnach nicht Manualtreue, auch nicht Einsicht in Deutungen, heilend ist vielmehr die gemeinsame Beziehungserfahrung. Eine Erfahrung, in der das Unfassbare und Unsagbare, das Vergessene und Verdrängte, das Noch-nicht-Gewusste und Ersehnte Bedeutung bekommt. Die Fähigkeit bzw. Nicht-Fähigkeit zu mentalisieren ist dabei von zentraler Bedeutung.

Allen, Bateman und Fonagy (2014) haben auf Grundlage einer modernen psychoanalytischen Theorie Konzepte entwickelt (MBT; Mentalisierungsbasierte Therapie), in denen vor allem an Vertrauen, Bindung und Mentalisierungsfähigkeit gearbeitet wird. Zwar richten sich diese Konzepte hauptsächlich an Patienten und Patientinnen mit Borderline-Persönlichkeitsstörungen sowie an Jugendliche mit strukturellen Störungen. Mentalisieren ist jedoch eine grundlegende menschliche Fähigkeit und Haltung, die alle Menschen mehr oder weniger haben, die wir in Stress-Situationen besonders brauchen und gerade da sehr schnell verlieren können. Deshalb erscheint es mir wichtig, Gedanken und Vorstellungen aus dem Mentalisierungskonzept zu kennen und für therapeutisches Arbeiten zu nutzen.

Was versteht man unter Mentalisierung?

Wenn wir mentalisieren, versuchen wir mehr oder weniger bewusst, forschend zu ergründen, was in uns und in anderen Menschen vor sich geht – in Gefühlen, Gedanken und Handlungen; mehr oder weniger gelingend. Dann betrachten wir die Welt des anderen mit seinen Augen und die eigene Welt mit den Augen des anderen. Wir versetzen uns in andere hinein, wechseln die Perspektive. Je nachdem wie gut uns dies gelingt, können wir uns und andere verstehen, oder aber es kommt zu Zuschreibungen, Missverständnissen und Verwicklungen sowie psychischen Problemen. Wie aber entwickelt sich die Fähigkeit zu mentalisieren und wie entstehen Mentalisierungsstörungen?

Das Mentalisierungskonzept von Peter Fonagy

Zum besseren Verständnis soll das Mentalisierungskonzept von Peter Fonagy kurz erläutert werden: Fonagy et al. verbinden mit diesem Konzept die Theory-of-Mind-Forschung mit der Bindungsforschung, der Entwicklungspsychologie und der Neurobiologie. Mit Mentalisierung bezeichnen sie „die Fähigkeit, den anderen (und die eigene Person) als Wesen mit geistig-seelischen Zuständen zu betrachten" (Dornes), hinter dem sichtbaren Verhalten seelische Zustände zu vermuten und über diese nachdenken zu können.

Diese Fähigkeit zur Mentalisierung entwickelt sich im Kontext der Eltern-Kind-Beziehung, verfeinert und differenziert sich zunehmend, stabilisiert sich im Normalfall in der späten Adoleszenz und im frühen Erwachsenenalter – ein prozesshaftes Geschehen, in dem sich aus den frühen Interaktions- und Abstimmungsprozessen übergreifende mentale Modelle entwickeln, mit Interaktions- und Handlungsmustern, unbewussten nichtsprachlichen Abläufen, die sich im Beziehungsstil und einer unbewusst ablaufenden habituellen Reflexionsfunktion zeigen. Im besten Fall erscheint dem Menschen die innere und äußere Welt als bedeutsam und berechenbar, so dass er sich dieser mit weniger Stress zuwenden kann.

Entwicklungspsychologie und Mentalisierung

Wie kann man sich diesen Entwicklungsprozess vorstellen? Für den Säugling sind seine emotionalen Zustände zunächst verwirrend. Emotionen überfluten ihn, erfassen den Körper, ja das ganze Kind. Indem die frühe Bezugsperson diese Zustände wahrnimmt, ihnen Bedeutung gibt durch ihre eigene Mimik und Stimme, durch ihre Körperhaltung und Handlungen, durch Worte und Kommentare, spiegelt sie dem Kind seine Emotionen.

Durch diese Spiegelung gibt sie ihm seine Emotionen verwandelt zurück, macht sie dem Säugling dessen innere Welt verständlich. Man könnte auch sagen, sie erklärt dem Kind, was es fühlt, z. B. dass sie seinen Kummer (seine Freude, seine Neugier usw.) sieht und versteht. Sie vermittelt ihm aber ebenfalls, dass sie die emotional belastbare Situation bewältigt und dass sie nicht erfasst wird, z. B. vom Kummer des Kindes. Durch diese Spiegelungen und Interpretationen vermag sie zu trösten.

Bedeutsam ist vor allem der feine Unterschied zwischen dem Erleben von Kind und Bezugsperson in der Spiegelung. Bereits der britische Psychoanalytiker und Bindungsforscher John Bowlby hat darauf hingewiesen, dass das Kind einen großen Entwicklungsschritt macht, wenn es feststellt, dass die Mutter ihre eigenen Gefühle und Vorstellungen haben kann. Denn dadurch beginnt das Kind, die mentale Situation der Bezugsperson und von sich selbst zu erforschen, was bei sicherer Bindung möglich ist. Gefühle und Wahrnehmungen beginnen sich zu differenzieren, als „zu mir gehörend" oder „zu dir gehörend", als Eigenes und Fremdes.

Beziehung und Dialog

Wie von den Säuglingsforschern um Daniel Stern und der Boston Study Group beschrieben, ist das Kind von Anfang des Lebens an auf Beziehung und Dialog ausgerichtet. Es ist die Beziehung, die Resonanz und Abstimmung, die es sucht und braucht.

Da diese lebenswichtigen Vorgänge extrem störanfällig sind, hat die Natur gewissermaßen vorgesorgt – auf Seiten des Säuglings und der Bezugsperson. Beispielsweise haben Forschungsergebnisse gezeigt, dass Säuglinge immer menschliche Gesichter bevorzugen, dass sie in der Lage sind, die Mimik erwachsener Menschen zu imitieren; genau das, was sie brauchen.

Auch auf Seiten der Erwachsenen gibt es zahlreiche biologische Präkonzeptionen, so z. B. die sog. „Ammensprache", mit welcher Erwachsene und sogar schon kleine Kinder fast automatisch auf Säuglinge reagieren und mit ihnen sprechen, nämlich betont langsam, in hoher Stimmlage und mit variierenden Wiederholungen. Eine deutliche Übertreibung!

Markierte Spiegelung als Modell für Resonanz und Vertrauen

Fonagy nennt diese übertriebene Reaktion Markierung, eine fast künstliche, aber extrem bedeutsame Reaktion, die dem Säugling spiegelt, dass er gesehen und verstanden wird. Auf diese Weise entsteht ein Dialog zwischen beiden. Im gelingenden Fall entstehen intensive Momente geteilter Emotion, und der Säugling verinnerlicht die Erfahrung, dass er mit seinen Signalen solcherlei Reaktionen beim Gegenüber auslösen kann. Dies vermittelt ihm fortschreitend ein Gefühl von Selbstwirksamkeit.

Auch entstehen Erwartungen an den und vom anderen, und der Säugling beginnt „nachzudenken" und zu registrieren, wie er Reaktionen auslösen kann. Scheitert die Abstimmung zwischen beiden, was bisweilen unvermeidlich ist, so kann dies auf Grundlage einer sicheren Bindung sogar entwicklungsfördernd sein, weil das Kind angeregt wird, den Bruch im Gemeinsam-Sein zu reparieren, es erneut zu versuchen, um das schmerzhafte Sich-getrennt-und-unverstanden-Fühlen zu überwinden und in seinen Affekten verstanden zu werden. Das ist von enormer Bedeutung, damit sich die Fähigkeit entwickelt, in Interaktionen mit anderen Menschen, auch bei diesen abgestimmte Reaktionen auszulösen.

Mentalisierung und seelische Gesundheit

Das Kind erkennt sich und seine Gefühle also nicht aus sich heraus, sondern nur durch und mit dem anderen. Subjektivität entsteht durch Intersubjektivität könnte man sagen, und in diesem Prozess entwickeln sich schrittweise Fähigkeiten, sich in den anderen hineinzuversetzen, Mimik und Gestik, Stimme und Körperhaltung, Verhalten und Handlungen zu interpretieren, ihnen Bedeutung zu geben – oder aber sie entwickeln sich nicht. Perspektivwechsel entwickeln sich fortschreitend, eigene Emotionen, Affekte, Wünsche ... die Welt können allmählich auch mit anderen Augen gesehen werden. Unterschiede können allmählich ertragen werden.

Es ist der Beginn des Aufbaus struktureller psychischer Fähigkeiten. Bei Menschen mit einer narzisstischen Störung oder mit einer Borderlinestörung ist es gerade diese grundlegende Fähigkeit, die fehlt: sich vorzustellen, dass es andere Sichtweisen als die eigene gibt, was zu vielerlei Fehlinterpretation der Handlungen anderer führt und damit zu Missverständnissen, Verwicklungen und Streit.

Mentalisierung und psychische Probleme

Gelingen die Prozesse der Spiegelung und Abstimmung jedoch nicht hinreichend gut, weil die Bezugspersonen den Säugling nicht ausreichend spiegeln, z. B. durch Nicht-Reagieren oder durch Fehlinterpretieren, bleibt er allein mit seinen Affekten und Bedürfnissen, versteht diese nicht, ist ihnen mehr oder weniger ausgeliefert. Bei heftigen Affekten wird er ohne spiegelnde Resonanz durch die Bezugsperson von seinen Affekten in seinem Körper geradezu überwältigt. Je länger, je mehr entstehen dadurch Gefühle der Fremdheit gegenüber den eigenen Affekten, dem eigenen Körper und gegenüber anderen.

Von einer Mentalisierungsstörung sprechen wir, wenn sich in einer Eltern-Kind-Interaktion beim Kind sog. Arbeitsmodelle herausgebildet haben, mit denen sich das Kind schützt gegen die emotionalen Zustände der Bezugspersonen; es sich gewissermaßen abschottet dagegen, um nicht mit deren Angst, Wut, Hilflosigkeit und Verzweiflung konfrontiert zu werden. Dies hilft dem Kind im Moment; wird diese Blockade jedoch zum inneren mentalen Modell, macht das Kind keine Entwicklung in seinen emotionalen und sozialen Fähigkeiten. Im Extremfall kommt es zu autistischem Rückzug. All dies zusammenfassend, kann man festhalten: Für die Entwicklung der Fähigkeit zur Affektregulation braucht es eine gelingende mentalisierende – keine perfekte, sondern eine abgestimmte – Spiegelung und Resonanz durch einen zuverlässig zugewandten feinfühligen anderen.

Wenn wir diese Erkenntnisse auf die weitere psychische Entwicklung übertragen, so ließe sich sagen, dass die Fähigkeit zu Mentalisierung zeitlebens wichtig ist für unsere Affektregulierung, auch um angesichts von Stress auslösenden Bindungserfahrungen ruhig zu bleiben, die Welt nicht nur eindimensional, sondern unter unterschiedlichen Sichtweisen zu betrachten.

Foto: WoGi (Adobe Stock 171371890)

Mentalisierung und Symbolisierung aus evolutionsbiologischer Sicht

Forschungen geben Hinweise darauf, dass es für die Entwicklung des Menschen von entscheidendem Vorteil war, dass die Spezies des Homo sapiens die Fähigkeit hatte, untereinander zu kommunizieren, das Verhalten der anderen zu interpretieren, auf Vertrauenswürdigkeit zu überprüfen und Erfolgschancen zu antizipieren. Die Entwicklung der Fähigkeit zur Mentalisierung machte den Homo sapiens kooperationsfähig, und soziale Gruppen zeigten sich wiederum als konkurrenzfähig.

Interessant auch die Erkenntnis, dass die Größe sozialer Gruppen mit der Größe des Neocortex beim Homo sapiens korreliert. Indem zunehmend über Erfahrungen nachgedacht wurde, konnte sich Erfahrungsgeneriertes verallgemeinern zu symbolischem Denken, konnte dieses schließlich transgenerationell weitergegeben werden.

Als-ob-Modus und mit der Realität spielen

Ist es zunächst das Gesicht der Eltern, das die Emotionen des Kindes aufnimmt, modifiziert und spiegelt, so werden zunehmend die Kommentare zu Verhalten und Spielen des Kindes wichtig. Nehmen die elterlichen Kommentdas Spiel als Spiel wahr oder als Realität? Spielt das Kind z. B. Kämpfen und Eltern nehmen es als ernste Gefahr wahr und reagieren mit Sorge über „Gewaltfantasien" des Kindes, so geht der spielerische Umgang mit Ängsten und Aggressionen verloren. Dann wird das Spiel – mehr noch: die Fantasie selbst – gefährlich und das Spielen verliert zunehmend seine symbolbildende und entwicklungsfördernde Funktion. Der spielerische, d. h. freie Umgang mit dem kindlichen Spiel hilft, dass das Kind Unterschiede zwischen Gedanken/Fantasie und Realität erkennt.

Ein einfaches Beispiel soll dies verdeutlichen: Kinder spielen z. B., dass sie gerade Affen seien, und lärmen dabei laut; der Vater sagt: „Seid mal nicht so laut!"; worauf die Kinder meinen: „Das geht nicht, wir sind Affen". Lacht der Vater nun und sagt: „Aber ihr seid keine Affen", so werden für das Kind zwei unterschiedliche Perspektiven deutlich. Es kann spielen, aber das Spiel ist nicht gleich der Realität.

Deshalb profitieren Kinder auch von Märchen, vom Erfahrungsschatz des kollektiven Unbewussten, in welchem die ängstigenden, aber notwendigen Entwicklungsprozesse erzählt werden. Sie scheinen unbewusst zu spüren, dass die bisweilen sehr grausamen Narrative nicht in der Realität geschehen, erkennen jedoch ihre eigenen Emotionen und Ängste darin sowie Wege zur Bewältigung. Letztendlich geschieht solcherlei nicht nur zu Beginn der psychischen Entwicklung, sondern zeitlebens, weshalb Filme, Literatur und sonstige Narrative, ja auch unsere Nachtträume, hilfreiche Möglichkeiten sind, in der Projektion emotionale Konfliktsituationen zu bewältigen.

Äquivalenzmodus und psychische Störungen

Fonagy et al. sprechen vom Als-ob-Modus im Gegensatz zum Äquivalenzmodus. In letzterem gibt es keinen Unterschied; das Spiel oder das Symbol repräsentieren nicht die Realität, sondern werden zur Realität. Bei Menschen mit Borderlinestörung fehlt in der Regel die Fähigkeit zur Regulierung von Affekten, weil es kaum gelingt, in emotionale Distanz dazu zu gehen sowie unterschiedliche Perspektiven vom eigenen Selbst und dem anderen einzunehmen.

Dies hat weitreichende Folgen für die therapeutische Behandlung, weil im Traum, Sandspiel oder in sonstigen Narrativen auftauchende Symbole konkretistisch verstanden werden und dadurch die Brücke, die das Symbol mit seinem Bedeutungsüberschuss herstellt, verloren geht. In solchen Fällen muss zuvörderst an Mentalisierung gearbeitet werden. Das scheint mir gerade für die symbolische Arbeit von großer Bedeutung zu sein.

Mentalisierung und Psychotherapie

Nach Bateman und Fonagy ist entscheidend für die Entwicklung von Mentalisierung in der Psychotherapie eine neugierig-fragende Haltung des Therapeuten oder der Therapeutin, eine Haltung, die von einem Standpunkt des Nicht-Wissens ausgeht, sich stärker an dem Wie-fühlt-es-sich-an, Wie-sieht-es-aus, weniger an dem Was-war-da-genau orientiert und die anregt zu einem einfühlsamen Erforschen der eigenen Innenwelt, der Welt des anderen und der gemeinsamen Beziehung.

Das bietet sich auch an bei Sandspielen und bei Traumarbeit, indem die Möglichkeiten, Gedanken und Gefühle der unterschiedlichen Figuren und der sich zwischen ihnen ereignenden Dynamik zu einem offen-neugierigen Erkunden genutzt werden können, ohne dass diese als innere Figuren auf der Subjektstufe bereits festschreibend gedeutet werden. In gleicher Weise kann mit Rollenspiel, aber auch mit Alltagsszenen umgegangen werden.

Sich an der Entwicklungspsychologie orientierend, könnte dies bedeuten, dem resonanten Aufnehmen und Abstimmen der emotionalen Dynamik im Als-ob-Modus und dem spielerisch-offenen Umgang damit Bedeutung zu geben – auf symbolischer Ebene sowie im Übertragungs-/Gegenübertragungsgeschehen. Dies gilt nicht nur für die therapeutische Arbeit mit Patienten und Patientinnen mit Persönlichkeitsstörungen und solchen mit strukturellen Problemen. Vielmehr scheint diese Haltung, immer wenn durch Aktualisierung unserer Komplexe die Fähigkeit zur Mentalisierung blockiert wird, hilfreich zu sein. So lassen sich Perspektivwechsel eher herstellen, eindimensionales, konkretistisches und zu Verstrickungen führendes Verstehen eher vermeiden.

Zurück zur Anfangsszene: Warum bin ich so fröhlich ... Welch drängendes Bedürfnis, diesen tiefen Emotionen aus präverbalen Erfahrungen in Körper und Seele in Gegenwart eines anderen nachzuspüren, damit sie Bedeutung bekommen! ... Die Freude in der gemeinsamen Beziehung zu teilen, damit sie Bedeutung bekommt und die Möglichkeit besteht, dass der leidgeprüfte Körper frei wird für eine andere Emotion als den Schmerz, frei wird für Freude, frei wird für Lebensfreude!

Erst danach können Trauer und Schmerz bewältigt werden, müssen in der Beziehung geteilt werden – immer und immer wieder – empfunden werden als zu sich gehörig, damit auch sie eine Bedeutung bekommen.

Literatur

Allen, J.; Bateman, A.; Fonagy, P.; (2014): **Mentalisieren in der psychotherapeutischen Praxis.** Stuttgart: Klett-Cotta.

Wampold et. al. (2018): *Die Psychotherapie-Debatte: was Psychotherapie wirksam macht.* Bern: Hogrefe.

Elisabeth Schörry-Volk
Kinder- und Jugendlichen-Psychotherapeutin in eigener Praxis in Schwäbisch Gmünd. Supervisorin und Dozentin am C. G. Jung-Institut Stuttgart. Initiatorin und Co-Präsidentin von INFAP3, dem Netzwerk für Forschung und Entwicklung in der Analytischen Psychologie im deutschsprachigen Raum.

Die Kunst des Verstehens in der Sandspieltherapie

Anke Seitz

Zwei mal zwei gleich vier ist Wahrheit,
Schade, dass sie leicht und leer ist,
Denn ich wollte lieber Klarheit,
Über das, was voll und schwer ist!

Wilhelm Busch (1909)

Einleitung

Voll ... im Sinne von Fülle, schwer ... im Sinne von Tiefe, das ist die Sandspieltherapie! Und wie sehr wünschen wir uns manchmal eine einfache Formel oder Gleichung, die das so schwierig zu Fassende in eine leichte Aufgabe verwandelt!

C. G. Jung, dessen Analytische Psychologie den theoretischen Hintergrund für die Methode der Sandspieltherapie bildet, hat im Gegensatz zu Freud keine explizite Behandlungs- oder Deutungstechnik verfasst. Dies hat zur Folge, dass eine Unsicherheit darüber besteht, ob/wie man interpretieren oder gar deuten darf/soll – und deshalb überwiegen häufig archetypische, kollektive Amplifikationen als Verstehenshintergrund.

Jung betonte jedoch, wie wichtig es sei, individuell zu verstehen, wodurch es also auch um die Frage geht, wie das Archetypische persönlich verstanden werden kann.

Eines der wichtigsten Instrumente in der Psychoanalyse und in der Analytischen Psychologie ist der Therapeut selbst. In Bezug auf die Kunst des Verstehens zitiert Jung im Zusammenhang mit der Alchemie (GW 12, § 6): „Ars totum requirit hominem", d. h. die Kunst erfordert den ganzen Menschen. Da das therapeutische Opus sowohl vom Patienten als auch vom Therapeuten gemeinsam gestaltet wird, erfordert es auch die ganze Person des Therapeuten, fließen sowohl das Bewusste und das Unbewusste des Patienten als auch das Bewusste und Unbewusste des Therapeuten in den therapeutischen (und diagnostischen) Prozess mit ein.

Vor diesem Hintergrund wird vielleicht deutlich, dass zwei mal zwei nicht nur vier ist ...!

Philosophische Betrachtungen zur Kunst des Verstehens

Interpretation (lat. interpretatio als Auslegung, Übersetzung, Deutung, Erklärung) bedeutet allgemein das Verstehen von etwas Gegebenem. Bei der etymologischen Wurzel (inter-) wird bereits eine Verbindung zwischen etwas oder auch ein Dazwischen angedeutet.

Die allgemeine Methodenlehre, also die Theorie der Interpretation und des Verstehens ist wiederum die Hermeneutik (altgriech. Hermeneúein, erklären, auslegen, übersetzen). Sie besagt, dass in allen menschlichen Schöpfungen Sinn enthalten ist. In jeder Interpretation geht es somit um die Ermittlung von Sinn.

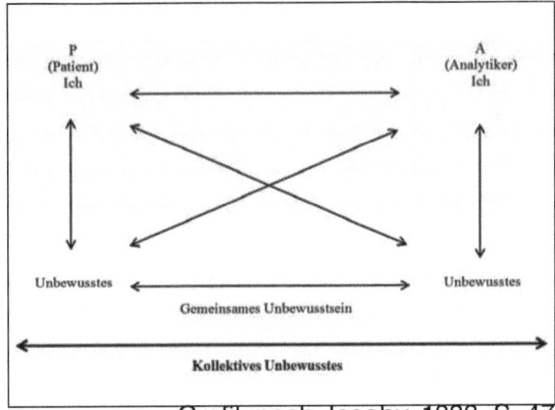

Grafik nach Jacoby, 1993, S. 47

Sinnverstehen, Sinn generieren ist nicht reproduktiv, sondern eine kreative Leistung.

> Verstehen ist das Spiegelbild des Sich-Ausdrückens: Es arbeitet sich vom Symbol zu der gelebten Erfahrung zurück, für die das Symbol steht.
> M. Jung, 2001, S. 91

Die Verbindung Jungs zur Hermeneutik wird deutlich, wenn er in GW 11, § 497 schreibt:

> Die Psychoneurose ist im letzten Verstande ein Leiden der Seele, die ihren Sinn nicht gefunden hat.

Platon (links) weist mit dem Finger auf Höheres, Metaphysisches hin, während die Handbewegung von Aristoteles (rechts) auf den Boden der Tatsachen verweist.
Ausschnitt aus Schule von Athen (1508–1511), Fresko von Raffael (wikimedia)

In der Therapie geht es darum, dass die Neurose den in ihr gefangenen Sinn freigeben kann (W. Giegerich).

Nach F. Schleiermacher (1768–1834) ist jedes Verstehen ein individueller Prozess, der darin besteht, sich in das Leben, das hinter einem Produkt oder einer Schöpfung steht, „einzuleben", den schöpferischen Akt gewissermaßen nachzuvollziehen und dadurch einen möglichen Sinn aufzudecken. Jung sprach vom „Verstehen durch Erleben". Auch Hans-Georg Gadamer (1900-2002) sieht Verstehen als eine unmittelbare Erfahrung an. Verstehen geschehe im Dialog, sei kein Resultat, sondern ein Prozess.

Ein intuitiver Ansatz begreift Verstehen als etwas Unmittelbares, das aller Reflexion vorausgeht. Dies beinhaltet auch den notwendigen (Selbst-)Zweifel! Eine geschlossene Methode oder fertige „Schablonen" leisten diesen notwendigen Zweifel nicht, weil sie an sich selbst als Maßstab festhalten. Im hermeneutischen Verstehen hingegen braucht es die Frage und den Dialog in einer gemeinsamen Suche nach Wahrheit. Dies ist sowohl interpersonell als auch intrapsychisch zu sehen.

Christoph Poetsch (2020) spricht auch vom „sinn-vollen Staunen" – ein sinniges, zielgerichtetes Zweifeln an der intuitiv richtigen Stelle. Es ist ein Staunen beim Erleben von etwas Unerwartetem und weckt Neugier. Aristoteles betrachtete das suchende Staunen als Ausgangspunkt des Erkenntnisstrebens. Es gibt aber auch jenes finale Staunen, zu dem das platonische Denken einlädt. Hierbei handelt es sich um das Aufmerken auf einen Sachverhalt, welcher jede mögliche Erklärung transzendiert und in diesem Sinne unbegreiflich (mystisch?) bleibt.

Auch die Psychoanalyse lebt nicht nur vom Verstehen, sondern auch vom Nichtverstehen … als Grundvoraussetzung dafür, etwas verstehen zu wollen!

Interpretation in der Psychoanalyse und in der Analytischen Psychologie

Interpretation in der analytischen Therapie versucht, Unbewusstes bewusst zu machen. In seiner Psychologie der Übertragung hat C. G. Jung bereits 1946 die Grundidee einer intersubjektiven Perspektive angelegt. Dieses intersubjektive Feld besteht aus korrespondierenden, aufeinander sinnbezogenen Fantasien und Bildern aus dem gemeinsamen Unbewussten zwischen Patient und Therapeut, dem sogenannten mundus imaginalis. Daher kann eine Interpretation nicht unabhängig von der Person des Therapeuten gedacht werden und kann „kein Traumsymbol [...] von dem Menschen, der davon geträumt hat, abgetrennt werden" (vgl. Jung, 2011, S. 49).

Der interpretative Prozess wird zudem von der analytischen Haltung geleitet, die sich dadurch auszeichnet, dass der Analytiker neugierig und offen für Überraschungen ist, Ambivalenz- und Ambiguitätstoleranz mit sich bringt und Gefühle von Hilflosigkeit und Verwirrung aushalten kann.

> [...] Die Gefahr des Verstehenwollens ist die Überschätzung des inhaltlichen Aspekts, der einer intellektuellen Analyse und Deutung unterzogen wird, wodurch der essentiell symbolische Charakter des Objekts in Verlust gerät.
> Jung, GW 8, § 176

Nicht jeder komplexe Sachverhalt kann aufgeklärt werden, und der Analytiker muss sich gewahr sein, was im „Zwischen" des analytischen Felds auftaucht, anstatt sich auf Standardannahmen zu stützen.

Jungs Anerkennung des Unbekannten, Ungewussten wird in seinem Symbolverständnis sehr deutlich:

> Ein Symbol umfasst und erklärt nicht, sondern weist über sich selbst hinaus auf einen noch jenseitigen, unerfaßlichen, dunkel geahnten Sinn [...].
> Jung, GW 8, § 644

Wenn ein Symbol wie ein Objekt anstatt wie eine Erfahrung behandelt wird, dann geht die „Als-ob"-Qualität verloren und es erfolgt eine Verdinglichung. Und dann ist die Gefahr groß, dass wir denken, wir könnten etwas „erklären", was im eigentlichen Sinne aber wesenhaft ist.

Caspar David Friedrich (1774-1840): Der Wanderer über dem Nebelmeer, Kunsthalle Hamburg (wikimedia)

Träumerisches Ahnungsvermögen oder Rêverie

Das träumerische Ahnungsvermögen oder die Rêverie (Bion) ermöglicht eine mehr erfahrungsnahe Interpretation anstelle einer intellektuellen Hypothese. Dieses sogenannte träumerische Denken kann von einfachsten Sinneseindrücken bis hin zum Transzendenten alles umfassen. Es ist ein Zustand der Empfänglichkeit für die Gefühle des Gegenübers und gibt diesen Bedeutung. Neuropsychologisch wird dabei das sogenannte Default Mode Network (engl. DMN, dt. Ruhezustandsnetzwerk) aktiviert, das die nach innen gerichtete Aufmerksamkeit unterstützt. Rêverie ist also eine Bewegung weg vom äußeren Handeln hin zu einer inneren Erfahrung des Beteiligtseins.

Die transzendente Funktion

Gerade im Sandspiel erzählen Hände nur dann eine Geschichte, wenn jemand sich „einlebt" und Gebrauch von seiner Fähigkeit zur Rêverie macht, wenn der Therapeut in Resonanz geht – zum Patienten, aber auch zu seinem eigenen Körper und seiner eigenen Seele, wenn

Auguste Rodin (1840-1917): La Cathédrale, 1908

das Sandbild ihm sozusagen unter die Haut geht. Dies verweist auf ein Kernkonzepte der Jung'schen Psychologie, die sogenannte transzendente Funktion, die in der Verbindung von Bewusstsein und Unbewusstem das Potenzial für Wachstum schafft. Diese Funktion entfaltet sich in der therapeutischen Beziehung. Der Patient braucht einen Therapeuten, der über seine eigene transzendente Funktion verfügt, damit er eine Brücke für das Verstehen bilden kann zu dem, was im Patienten passiert. Nur dann eröffnet sich ein intermediärer, potenzieller Raum und können äußere Spielräume in innere Spielräume verwandelt werden.

Wenn wir Sandspiel als aktive Fantasie verstehen und die transzendente Funktion als einen dynamischen Prozess, dann können wir einen psychodynamischen Zugang zum Sandspiel wählen, anstatt fertige Interpretationsmodelle zu übernehmen. Jung meinte:

> [...] man muss sich immer auch fragen: wie erlebt mein Unbewusstes die Situation? Man muss [...] sich selber ebenso beobachten wie den Patienten, sonst kann unter Umständen die ganze Behandlung schief gehen."
> Jung/Jaffé, 1999, S. 139

Wir beobachten aber auch, was im schöpferischen Prozess passiert. Welchen Weg sucht sich die Seele? Letzten Endes ist die Entfaltung im Gestaltungsprozess wie eine Reise; das Eigentliche ist die Bewegung, das Prozesshafte und nicht das fertige Bild. In der Therapie sind wir als Therapeuten im intersubjektiven Feld Mit-Erlebende, Mit-Reisende, denn das Symbol hat seinen Platz nicht nur zwischen Innen und Außen, sondern auch zwischen Patient und Therapeut. Wir sind daher sozusagen „mit im Bild" – und dadurch vielleicht auch besser im Bilde, was den interpretativen Prozess angeht.

Was zeichnet das Bild im analytischen Sinne aus?

Bild in seiner ursprünglichsten Bedeutung leitet sich ab von bilidi (altsächs.), was so viel wie „Wunderzeichen, Urbild, wahrer Sinn, Sinnbild" bedeutet. Bil steht für ein geistiges Wesen, geboren aus der schauenden Fantasie des Menschen und hat ursprünglich die Bedeutung von „Erscheinung, wesenhafter Gestalt". Seelisches wird sichtbar gemacht, andere Dimensionen der Wirklichkeit öffnen sich, ein psychischer Kosmos tritt hervor.

Das Verstehen erfordert somit eine Art bildhaftes Denken, das nicht analytisch zerlegend, sondern nur hermeneutisch sich annähernd der Vielschichtigkeit des Symbols gerecht werden kann. Bilder aus dem Unbewussten erfordern nicht nur ein Schauen, sondern ein Hineinschauen. Dabei spielt „das anschauliche Denken, das eine größere Vollständigkeit in sich schließt, eine wichtigere Rolle als das abstrahierende" (Jung in Dieckmann, 1979, S. 231).

Sand-*Bild*-Therapie? Sand-*Spiel*-Therapie!

Dora Kalff hat ihre Methode jedoch Sand-Spiel-Therapie genannt, nicht Sand-Bild-Therapie. Dabei ist Sandspieltherapie, trotz ihrer Wurzeln im Lowenfeld'schen Weltspiel, keine eigentliche Spieltherapie, sondern eine Methode der Analytischen Psychologie.

Die Essenz von Spiel als einem Bereich zwischen Fantasie und Realität impliziert nicht nur äußere Bewegung, sondern auch eine innere Bewegtheit. Spielen ist für C. G. Jung aktive Fantasie. Die Bereitstellung eines Sandkastens mit Figuren als einer „Spielwiese" reicht nicht aus, um innere Spielräume zu entwickeln. Spiel ist Dialog! Und auch beim scheinbar sinnlosesten Spiel kann versucht werden zu verstehen, was der Patient uns über seinen inneren Zustand mitteilt. Der Therapeut muss spielen können, sonst ist er für die Arbeit nicht geeignet (Winnicott); er muss über innere Spielräume verfügen können, denn Spiel ist Ausdruck der transzendenten Funktion.

Wie übersetzt man nun die Botschaft des (Sand-)Spiels?

Gerade beim Spiel hat die entwicklungspsychologische Einordnung besondere diagnostische Relevanz: So zeigen sich z. B. emotionale Belastungen in einer entwicklungsmäßigen Retardierung im Spielverhalten.

Biografische und aktuelle Lebensumstände (kausale Aspekte) werden mit Fragen nach der Atmosphäre des Spiels, szenischem Verstehen, der Symbolverwendung, der Interpretation auf der Objekt- und Subjektstufe, der Reflexion des Übertragungsgeschehens, der

Frage nach Ich-Organisation und nach Strukturniveau, den Abwehrmechanismen, der prospektiven Funktion des Spiels (finaler Aspekt) und dem Blick auf Ressourcen (intrapsychische, interpersonelle, archetypische) miteinander verknüpft. Das ist komplex, „voll und schwer" (vgl. Wilhelm Busch)!

Es gibt immer mehr Patienten mit Symbolisierungs- und Spielstörungen, und wir begegnen manchmal schier „un-interpretierbaren" (Sand-)Bildern. Dann kann Bedeutung noch nicht durch symbolische Bedeutung gefunden werden, sondern nur durch die Gegenübertragung. Es geht dann darum, die „Hintergrundmusik" zu hören. Gerade bei solchen Patienten ist die innere Erfahrung des Therapeuten das wirksamste Instrument, um zu verstehen.

Dora Kalff hat sich in ihren späteren Jahren eher „zurückhaltend bei der Aufteilung und Kategorisierung des Sandkastens" gezeigt und empfohlen „lieber das Bild als ein Ganzes zu betrachten". Auch Ruth Ammann widmet einen großen Teil der 3. Auflage ihres Sand-

„ein psychischer Kosmos tritt hervor" (aus dem Archiv der Autorin)

spielbuchs (2019) der Resonanztheorie, den „bewegten und **bewegenden Imaginationen**". Im Sand findet sich nicht nur eine Rückbesinnung auf das Körperliche, sondern auch auf einen weiteren Aspekt des Jung'schen Symbolverständnisses:

> Die Symbole des Selbst entstehen in der Tiefe des Körpers […] Das Symbol ist lebender Körper, corpus et anima.
> GW 9/1, § 291

Nach C. G. Jung sind Seele und Körper ein Gegensatzpaar und als solches Ausdruck eines Wesens (vgl. GW 8, § 619).

Dass bei der Verwendung von raumsymbolischen Deutungsschemata in der Sandspieltherapie weder der Sand noch das Spiel noch die therapeutische Beziehung und deren emotionale Austauschprozesse eine Rolle spielen, nimmt einen wunder, besonders wenn man bedenkt, dass unrepräsentierte Gefühle nicht nur auf die Figuren und auf den Therapeuten, sondern auch auf den Sand übertragen werden. Wenn der Patient den Sand berührt (manchmal wird er ja nur als Oberfläche verwendet, und auch das ist bedeutsam) und damit arbeitet (Streicheln, Rieseln, Schlagen,

Zerreiben, Drücken, Kneten etc.) erleben wir Therapeuten in der Gegenübertragung häufig verkörperte Empfindungen, die lange vor dem reflexiven Zugang stattfinden. Mit einem verfrühten intellektuellen Verstehen (z. B. dem „Wissen" von der Mutterecke) würden wir sozusagen davoneilen. Es geht aber gerade im Umgang mit dem Sand darum, „mit dem Körper zu sehen" – Sinn entsteht hier durch unseren therapeutischen Spür-Sinn.

Der Weg des Verstehens nimmt also seinen Ausgang bei den Sinnen – von den Sinnen zum Sinn? Dazu braucht es nicht nur die resonanzfähige Seele, sondern auch den resonanzfähigen Leib des Therapeuten, die sinnliche und emotionale Verbundenheit mit dem schöpferischen Werk als lebendigem Wesen. Jung empfahl, die inneren Bilder fließen zu lassen und die kritische Aufmerksamkeit auszuschalten. Das erfordert eine kontrollierte Regression des Therapeuten und wird vielleicht auch deshalb vom Therapeuten gefürchtet, weil hier ein partieller Verlust der Ich-Kontrolle stattfindet, weil das Aufbrechen eigener Komplexe und Konflikte lauert?

Es stellt sich die Frage, inwieweit dieses Risiko durch eine vorwiegend oder gar ausschließlich verwendete raumsymbolische

Aus dem Archiv der Autorin

Aus dem Archiv der Autorin

Deutung vielleicht abgewehrt wird? Und ob diese nicht eher einer „Eisegese" statt einer „Exegese" entspricht, also ob nicht eher etwas „hinein"-gelesen wird als etwas „heraus"-gelesen wird?

Jean Piaget prägte den Begriff „Schema", um eine kognitive Struktur, in die unsere Erfahrungen eingeordnet werden, zu benennen. Schemata strukturieren die komplexe wahrgenommene Information, reduzieren sie aber auch. Besteht bei einer schematischen Interpretation aber nicht die Gefahr, dass zu sehr reduziert wird? Oder dass innere Erwartungen vorhanden sind? Oder dass nur das „Was", aber nicht das „Wie" eine Rolle spielt? Oder dass Informationen vor allem in Bezug auf das vorhandene Schema interpretiert werden?

In zwei empirischen Studien, welche die Gültigkeit von raumsymbolischen Deutungsschemata untersucht haben, zeigte sich, dass z. B. das Quadranten-Schema, das für die Interpretation von Zeichnungen verwendet wird, nicht valide und von minimaler praktischer Bedeutsamkeit ist. Ebenso wurde keine einfache Verbindung zwischen linker und rechter Seite und Introversion/ Extraversion gefunden.

„Was soll das bedeuten"?

Wer etwas verstehen will, ist bereit, sich etwas erzählen zu lassen – das setzt nicht nur Interesse, sondern auch Empfänglichkeit voraus! Das erste, womit Verstehen beginnt, ist, dass etwas uns anspricht, erfasst, bewegt, berührt … Auch wenn der unmittelbare erste Zugang ein sinnlicher, fühlender ist:

[…] wir müssen deuten, damit die Dinge Bedeutung bekommen, sonst können wir ja doch gar nicht darüber denken. Wir müssen das […] Geschehen in Bilder, in Sinne, in Begriffe auflösen, wissentlich dabei vom lebendigen Geheimnis uns entfernend. […] Zum Erkennen müssen wir uns außerhalb des schöpferischen Prozesses begeben und ihn von außen ansehen […] Dann dürfen wir nicht nur, sondern müssen sogar vom Sinn sprechen.
Jung, GW 15, §121

Das Verstehen erfordert somit ein Bein drinnen und gleichzeitig ein Bein draußen, einen intrapsychischen und einen intersubjektiven Modus, Wahrnehmen und Intuieren, Fühlen und Denken, Offenheit und Konklusion – das Grundprinzip der Jung'schen Psychologie ist dialektisch, polar, was ein großes „Aufgespanntsein" des Therapeuten erfordert, eine Weite und Tiefe zugleich.

Erkenntnissuche heißt also nicht, nur nachzuschlagen, was z. B. ein Elefant bedeutet (für jeden bedeutet, wie Jung sagt, der Elefant etwas anderes, vgl. Dieckmann, S. 231) und in welcher Ecke er steht (wenn er steht – oder sitzt oder liegt?), sondern wahrzunehmen, was er im Sandkasten dieses Patienten tut und was um ihn herum passiert, wie wir ihn in dem Moment erleben und wie er uns anmutet.

Spielerisch sich dem Prozess zu überlassen heißt, unbewusst primärprozesshafte Überträumung einerseits und bewusst sekundärprozesshafte Verarbeitung andererseits ergänzend miteinander zu verbinden. Mit E. Neumann könnte man dies beschreiben als ein Pendeln zwischen der mehr bewussten Haltung, das Unbewusste zu beleuchten und zu analysieren (vgl. patriarchal-solares Bewusstsein) und einer Haltung, die das Bild eher im Unbewussten belässt, und es gewissermaßen bebrütet (vgl. matriarchal-lunares Bewusstsein). Gerade in der Verbindung dieser Prinzipien öffnen wir den Dialog zwischen Ich und Selbst und sind auf dem Weg zur Ganzheit. Nur so ist Verstehen kurativ.

Schlusswort

Wie auch immer die Kunst des Verstehens sich zusammensetzt, es ist sicher mehr als ein Werkzeug nötig und es ist mehr als ein Handwerk – es ist eine Kunst. Und jeder Künstler braucht tausende von Stunden Übung in der Vervollständigung seiner Kunst, die nie vollkommen sein wird. Die hermeneutische Arbeit wird nie ein endgültiges Ende haben. So ist ein offener (Verstehens-)Zugang zugleich immer mit einem offenen Ausgang verknüpft.

Emsig sucht ich aufzufinden,
Was im tiefsten Grunde wurzelt,
Lief umher nach allen Winden
Und bin oft dabei gepurzelt.
Endlich baut ich eine Hütte.

Still nun zwischen ihren Wänden
Sitz ich in der Welten Mitte,
Unbekümmert um die Enden.

(Fortsetzung des Gedichts von Wilhelm Busch, 1909, Titel: „Beruhigt")

Literatur

Ammann, R. (2019). *Die Sandspieltherapie. Resonanz zwischen Körper und Seele.* Gießen: Psychosozial.

Dieckmann, H. (1979). *Methoden der analytischen Psychologie.* Olten: Walter. kostenloser download bei opus-magnum.com.

Jacoby, M. (1993). *Übertragung und Beziehung in der Jungschen Praxis.* Solothurn/Düsseldorf: Walter.

Jung, C. G. (1971 ff). *Gesammelte Werke.* Olten: Walter.

Jung, C. G. / Jaffé, A. (1999). *Erinnerungen, Träume, Gedanken von C. G. Jung.* Zürich/Düsseldorf: Walter.

Jung, C. G. (2011). *Symbole und Traumdeutung.* Ostfildern: Patmos.

Jung, M. (2001). *Hermeneutik zur Einführung.* Hamburg: Junius.

Kalff, D. (2000). *Sandspiel. Seine therapeutische Wirkung auf die Psyche.* München: Reinhardt.

Poetsch, C. (2020). Staunen. Der blaue Reiter – Journal für Philosophie, 45, S. 84. Hannover: der blaue reiter.

Anke Seitz
Dipl.-Psych., Analytische Kinder- und Jugendlichenpsychotherapeutin (VAKJP, DGAP), niedergelassen in eigener Praxis in Rottenburg a. N. Dozentin und Kontrollanalytikerin am C. G. Jung-Institut Stuttgart. Lehrtherapeutin und Supervisorin der Deutschen und Internationalen Gesellschaft für Sandspieltherapie (DGST/ ISST).

Was Märchen bedeuten können

Gidon Horowitz

Märchen sind bildhafte Geschichten voller Symbole. Sie erzählen von einer magischen Welt, in der Wunder und Zauber selbstverständlich sind, in der dem Jenseitigen so selbstverständlich begegnet wird wie dem Alltäglichen. Die Gesetze des Alltäglichen, der realen Umwelt, haben in ihnen oft keine Geltung. Darin und in ihrer Bildhaftigkeit ähneln sie den Träumen. Träume und Märchen erscheinen wie Geschwister, und viele Menschen genießen diese traumhafte Schau der Welt, die die Märchen vermitteln.

Kinder fragen nur selten nach der Bedeutung eines Märchens. Sie fragen eher, ob die Geschichte denn wahr sei. Ich antworte dann in der Regel, dass die Märchen anders wahr sind als ein Tisch oder ein Stuhl – sie sind so wahr wie unsere Träume. Das verstehen die meisten Kinder. Erwachsene aber fragen öfter nach der Bedeutung oder auch nach einer Moral – „Was will uns diese Geschichte denn sagen?"

Da Märchen voller Symbole sind, sind sie auch ebenso vieldeutig wie die Symbole. Sie können zudem von ganz verschiedenen Gesichtspunkten aus betrachtet werden, z. B. aus tiefenpsychologischer Sicht, aber auch aus literaturwissenschaftlicher, ethnologischer, anthroposophischer oder religionswissenschaftlicher Sicht, um nur einige zu nennen. Diese Vieldeutigkeit gehört wesentlich zum Reichtum der Märchen. Jedes Märchen ist wie ein breites und ganz offenes Angebot, und bei jeder Begegnung mit der Geschichte können wir neue Aspekte darin entdecken. Dazu ein Zitat des Germanisten und Märchenforschers Max Lüthi (1909 – 1991):

> Die schwerelosen Figuren des Märchens haben die Eigenschaft, dass sie zu keiner bestimmten Deutung verpflichten, ja dass sie eine solche verbieten; dass sie aber anderseits vielfache Deutungen gestatten, ja geradezu danach rufen. Sie lassen im Hörer gleichzeitig verschiedene Töne leise, aber klar erklingen. Ohne dass er sich dessen bewusst wird, sind sie ihm schaubares Bild für gleichzeitig verschiedene unsichtbare Phänomene. Es leidet gar keinen Zweifel, dass die überindividuellen Figuren des Märchens von dem, der sie aufnimmt, unbewusst sogleich mit individuellem Gehalt besetzt werden, und zwar zumeist in mehrfacher Überlagerung.
> Lüthi; 1992, S. 89

Die Frage: „Was will uns diese Geschichte denn sagen?" ruft also zunächst einige Gegenfragen hervor: „Was sagt die Geschichte Ihnen? Welche Stellen, welche Symbole berühren Sie besonders? Woran werden Sie dabei erinnert? Was hat die Geschichte mit Ihnen und Ihrem Leben zu tun?" Es sind Fragen nach persönlicher Betroffenheit, und die scheint mir zentral zu sein. Denn wenn ich berührt werde, hat etwas Bedeutung für mich, ich begegne einem lebendigen Symbol, das meine bewusste Einstellung erweitern und bereichern kann.

Symbole sind allerdings in der Regel mehrdeutig und zunächst oft schwer verständlich. Ein Symbol ist ja, wie C. G. Jung (1983, S. 16, Fußnote) erklärt, „ein bestmöglicher Ausdruck für einen erst geahnten, aber noch unerkannten, unbewussten Inhalt." Es gibt also noch keinen besseren Ausdruck, und wir müssen nach dem unbewussten Inhalt forschen, auf den das Symbol hinweist.

Bei einer tiefenpsychologischen Arbeit mit Symbolen werden in aller Regel zunächst Fragen nach persönlichen Assoziationen und Erinnerungen gestellt. Dabei können durchaus Erinnerungen auftauchen, die schon lange Zeit vergessen wurden. Wenn diese Assoziationen nicht mehr weiterführen, gibt es noch die Möglichkeit der Amplifikation: Wo in der Mythologie, in anderen Märchen oder in Kunstwerken gibt es ähnliche Geschichten oder Motive? In welchem Kontext stehen sie dort? Das kann zu einem tieferen Verständnis des Symbols beitragen. Und schließlich kann noch versucht werden, in einer aktiven Imagination mit dem Symbol in einen inneren Dialog zu treten und dadurch noch mehr von seiner möglichen Bedeutung zu erfahren.

Bei Märchen können wir ähnlich vorgehen. Märchen bestehen allerdings nicht nur aus einzelnen aneinander gereihten Symbolen, sondern haben als wesentlichen Bestandteil auch einen Handlungsablauf. Bei den allermeisten Märchen lässt sich dabei eine klare Struktur erkennen, und es lohnt sich, diese genauer anzuschauen, um mehr von der möglichen Bedeutung eines Märchens zu erfahren.

Märchenwege – zur Struktur der Märchen

Um es gleich vorweg zu sagen, den typischen Märchenweg gibt es nicht. Es macht den Reiz der Märchen aus, dass wir nie genau wissen, wie es weitergehen wird. In jedem Augenblick kann Wundersames, Unerwartetes geschehen. Aber es gibt einige typische Stationen, die wir in immer neuen Variationen bei den meisten Märchen wiederfinden, vor allem bei den Zaubermärchen, also bei Märchen, in denen sich Held oder Heldin in jenseitige Bereiche begeben und dabei sehr tiefgreifende, oft bedrohliche Erfahrungen machen (z. B. Verwandlung und Erlösung, Todesnähe …). Ich möchte hier einige wesentliche Stationen der Märchenwege benennen:

- Die anfängliche Krise: Sie steht in der Regel am Anfang jedes Märchens und leitet den Weg ein. Eine Lösung wird gesucht, und dafür muss sich jemand auf den Weg machen.
- Aufbruch: Wer soll sich nun auf den Weg machen, um die Not zu wenden? Oft sind die „Dummlinge" ausersehen, die „Naiven", die von den anderen, den „Klügeren" verspottet und verachtet werden. Manchmal machen sie sich nur widerwillig, manchmal aus eigenem Antrieb auf den Weg.
- Die Begegnung mit Helferinnen und Helfern: Es gehört wesentlich zu den Heldinnen und Helden der Märchen, dass sie den Helferinnen und Helfern auf die richtige Art und Weise begegnen. Die Helfer*innen geben sich in der Regel nicht als solche zu erkennen. Oft sind es weise Alte, die sich aber zuweilen recht närrisch verhalten, oder Tiere, denen der Held oder die Heldin zuerst aus eigenem Antrieb hilft und die ihm dann ihre Hilfe anbieten. Die Heldinnen und Helden sind bereit, um Rat zu fragen und damit auch ihre Unwissenheit einzugestehen. Und sie nehmen dann die Hilfe an, ohne sie auch nur einen Augenblick in Frage zu stellen. Märchen können uns dadurch auch unterstützen, nach Helfer*innen in unserem eigenen Leben zu suchen und sie zu erkennen, jenseits eigener Vorurteile.
- Überschreiten der Schwelle: Oft, aber nicht immer, gibt es einen deutlichen Punkt, wo die Schwelle zum jenseitigen Bereich überschritten wird. Dieser Punkt wird nicht in jedem Märchen explizit benannt. Der Übergang vom Alltäglichen ins Numinose erfolgt oft unmerklich, das Jenseitige erscheint plötzlich im Alltäglichen. Im Märchen sind die beiden Bereiche nicht so streng getrennt, wie wir uns das manchmal vorstellen. Das Märchen scheint darauf hinzuweisen, dass das Jenseitige im Alltag ständig vorhanden ist – wir müssen es nur wahrnehmen. Gelingt uns das, dann wird das Leben farbig und bunt, spannend und unvorhersehbar.
- Begegnung mit dem Jenseitigen: Diese Begegnung gehört wesentlich zu jedem Zaubermärchen. Das Jenseitige ist ein magischer Bereich, dort ist alles möglich und die alltäglichen Regeln und Gewissheiten sind außer Kraft gesetzt. Im Jenseitigen liegt in der Regel der Schlüssel zur Lösung der ursprünglichen Krise. Um ihn zu erlangen, muss der Held oder die Heldin aber oft lebensbedrohliche Aufgaben bestehen (z.B. Kampf mit einem Drachen). Auch wenn die tödliche Gefahr nicht explizit benannt wird, ist sie im Hintergrund doch stets spürbar. Der Held oder die Heldin ist bereit, dieser Gefahr zu begegnen, auch wenn es ihn oder sie das Leben kostet. Diese Bereitschaft, das eigene Leben hinzugeben für die Aufgabe, macht im Grunde den Heldenmut aus.

- Rückkehr: Sie ist sehr wichtig, denn erst durch die Rückkehr kann die ursprüngliche Krise gelöst werden; aber sie gestaltet sich oft schwierig. Viele Märchen schildern z.B. eine magische Flucht des Helden oder der Heldin, oft mit einem Helfer oder einer Helferin aus dem jenseitigen Bereich. Sie werden von einem gefährlichen Ungeheuer verfolgt – Hexe, Riese, Dämon –, und oft gelingt es ihnen, den Verfolger mit Hilfe magischer Gegenstände aufzuhalten, abzuschütteln oder sogar zu vernichten.
- Ende, Behebung der anfänglichen Krise: Nach der Rückkehr folgt das glückliche Ende, oft verbunden mit einer Hochzeit, die als Ausdruck von gewonnener Ganzheit gesehen werden kann. Das Leben wurde erneuert und bereichert. Es kann nun weitergehen – bis die nächste Krise eintritt und ein weiterer Entwicklungsschritt zu bewältigen ist.

Märchen als Entwicklungsgeschichten

Es ist schon Deutung, wenn ich im Zusammenhang mit Märchen von Entwicklungsschritten spreche. Eine solche Deutung drängt sich aber beinahe auf, denn wir können in der beschriebenen Struktur der Märchen deutliche Ähnlichkeiten zum Ablauf von Initiationsritualen in verschiedenen ursprünglichen Kulturen erkennen. Solche Rituale, die z.B. Jugendliche ins Erwachsensein begleiten sollten, wurden u.a. von Margaret Mead (1984) geschildert. Diese Rituale liefen oft nach einem klaren Plan ab:

- Die Initianden wurden – meist unvermutet – gerufen, oft mitten in der Nacht. Der Zeitpunkt wurde in der Regel von den Älteren gewählt.
- Sie hatten Helfer an ihrer Seite; in der Regel Ältere, die diesen Entwicklungsschritt bereits vollzogen hatten.
- Sie begegneten dem Numinosen, dem Jenseitigen, z.B. Göttergestalten in einem Initiationszelt, Höhlenmalereien im Schein eines Feuers in einer Höhle, deren Zugang schwierig war, oder dem Großen Geist allein im Wald … Sie mussten dabei auch große Gefahren

bestehen und begegneten der Nähe des Todes, also ihrer eigenen Sterblichkeit. Die notwendigen Anstrengungen brachten sie an ihre Grenzen, manchmal auch darüber hinaus. Zu den Ritualen gehörten oft heftige und schmerzhafte Verletzungen (zum Beispiel Beschneidung und Subinzision). Nicht alle Jugendlichen überlebten die Rituale. Ein weiterer Bestandteil des Rituals war dann auch die Einweihung in das Wissen der Gruppe, das zum jeweiligen neuen Lebensabschnitt gehörte. Dies geschah oft in Form von Geschichten, die von Generation zu Generation weitergegeben wurden.

- Falls sie den Weg erfolgreich bestanden hatten, kamen sie verändert zurück, wie neu geboren, bereit für die neue Lebensphase.

In unserer westlichen Kultur sind von solchen Initiationsritualen nur noch spärliche Reste zu erkennen. Aber an den Übergangspunkten im Leben muss in der Regel die Grundeinstellung geändert werden, die archetypische Konstellation ändert sich, und dafür braucht die menschliche Seele offenbar solche tiefen Erfahrungen insbesondere von Todesnähe. Zum Übergang gehört, dass Altes symbolisch abstirbt und Neues sich entfalten kann. Vielleicht suchen deshalb viele Menschen unbewusst nach solchen Erfahrungen, was ohne die entsprechende ritualisierte Form und Begleitung deutlich gefährlicher werden kann als die früheren Rituale (z. B. U-Bahn-Surfen oder Fassadenklettern von Jugendlichen).

Wie schon gesagt, können wir bei dem eben erwähnten Ablauf vieler Initiationsrituale deutliche Ähnlichkeiten zu den Märchenwegen erkennen. Wir können Märchen daher als Entwicklungsgeschichten verstehen, als Schilderungen wichtiger Abschnitte auf dem Individuationsweg. Damit können Märchen Menschen bei Übergängen im Leben begleiten. Sie ermöglichen Jüngeren die innere Vorbereitung auf einen späteren Übergang und denjenigen, die sich gerade im Übergang befinden, ein symbolisches Erleben der dazu gehörenden Schritte.

So wird verständlich, dass in früheren Zeiten in manchen Kulturen Jugendliche mit Märchen auf das Erwachsenwerden vorbereitet wurden.

Dabei ist es bemerkenswert, dass ein bestimmtes Märchen nicht nur mit einem bestimmten Übergang im Leben in Verbindung gebracht werden kann, sondern oft mit mehreren. Dasselbe Märchen kann Menschen in unterschiedlichen Lebensphasen etwas geben.

Wenn wir ein Märchen aus tiefenpsychologischer Sicht betrachten, dann können wir einzelne seiner Symbole ausloten, die uns ansprechen. Wir können – objektstufig – versuchen, bestimmte Handlungsabläufe mit dem eigenen Alltag und dem eigenen Lebensweg in Verbindung zu setzen. Wir können überlegen, welche archetypischen Kräfte und Muster hinter den Gestalten und Geschehnissen erkennbar werden. Und wir können – subjektstufig – das Märchen als innerseelisches Geschehen einer imaginären Person betrachten und uns überlegen, wie dieser Mensch sein könnte. Damit können wir auch ein Stück weit erfassen, welchen Übergängen im Leben das Märchen symbolisch entsprechen könnte. Zur Veranschaulichung dieser theoretischen Ausführungen möchte ich nun noch als Beispiel ein Märchen etwas näher betrachten.

Goldbaum und Silberbaum – ein schottisches Volksmärchen

Dieses Märchen ist die schottische Variante von *Sneewittchen* (Brüder Grimm, Kinder- und Hausmärchen Nr. 53). Es verläuft allerdings in einigen wesentlichen Punkten anders. Da es nicht allgemein bekannt ist, möchte ich es hier in Abschnitten kurz zusammenfassen und einige Betrachtungen hinzufügen.

Ein König hat eine Frau namens Silberbaum und eine Tochter namens Goldbaum. Silberbaum begibt sich mit ihrer Tochter Goldbaum zu einem Quellteich, um sich dort von einer magischen Forelle bestätigen zu lassen, dass sie die schönste Königin auf der ganzen Welt ist. Doch die Forelle findet Goldbaum viel schöner.

Der Anfang benennt die Krise, um die es hier geht. Eine alternde Mutter, die ihren Selbstwert darüber definiert, die Schönste zu sein, kann es nicht hinnehmen, dass ihre eigene Tochter schöner sein soll. Anders als in *Sneewittchen,* wo es die Stiefmutter ist, die die Tochter vernichten will, ist es hier die eigene Mutter. Dieses Märchen benennt das klar und schonungslos. Der Vater scheint eher passiv und im Hintergrund zu sein.

Auffallend ist, dass der Kontakt zur magischen Dimension hier von Anfang an da ist. Es ist kein Spiegel, der der Königin antwortet, sondern eine Forelle, ein Fisch, der klares und frisches Wasser liebt. Sie lebt in einem Quellteich, und Quellen galten oft als heilige Orte. Die Quelle ist Ursprung von Wasser und damit von Leben. Tiefenpsychologisch gesehen, kann sie als Bild des Selbst verstanden werden, des innersten Wesenskerns, in dem alle Entwicklungsmöglichkeiten enthalten sind. Die Forelle erscheint wie eine Stimme des Selbst. Sie offenbart die Wahrheit, ob diese der Königin nun passt oder nicht.

Silberbaum hat Kontakt zu diesem innersten Kern, aber sie will seine Botschaft nicht akzeptieren. Wenn wir diesen Anfang subjektstufig betrachten, ergibt sich das Bild eines Menschen, der oder die den notwendigen Übergang zwar erkennt, aber nicht akzeptiert. Das Märchen spricht von einer jungen Frau, die geschilderte Problematik kann aber auch einen jungen Mann betreffen. Wir können annehmen, dass es sich um einen jüngeren Menschen handelt, der von einem negativen Mutterkomplex beherrscht wird und die neue Rolle, nun attraktiv zu sein und sich im Leben zu entfalten, noch nicht akzeptieren kann und darf. Es könnte aber auch ein älterer Mensch sein, der das Abnehmen seiner äußerlichen Attraktivität oder auch seiner Kräfte nicht akzeptiert.

Silberbaum kehrt wütend ins Schloss zurück und stellt sich krank. Als der König fragt, erklärt sie ihm, dass sie Herz und Leber ihrer Tochter Goldbaum verspeisen müsse, um wieder gesund zu werden. Der König lässt daraufhin einen Rehbock töten und bringt seiner Frau Herz und Leber des Tieres. Goldbaum aber verheiratet er mit einem Prinzen jenseits des Meeres.

Es wird nun deutlich, wie mörderisch der negative Mutterkomplex hier ist. Zum Glück gibt es den König, den Vater, der Goldbaum das Leben rettet, und sie durch die Heirat in ein fernes Land in Sicherheit bringen will. Der positive Vaterkomplex kann einen gewissen Abstand zum negativen Mutterkomplex herstellen und damit Schutz bieten. Die Tochter selbst erscheint als sehr passiv. Sie lässt das Geschehen über sich ergehen und muss aufbrechen und heiraten, um zu überleben. Die Heirat, die an sich ein wichtiger Entwicklungsschritt ist, scheint hier seelisch noch gar nicht richtig vollzogen zu werden. Und doch kommt durch diese vorerst so äußerliche Heirat der Prinz ins Spiel, der sich in der Folge als unterstützend erweisen wird.

Nachdem Silberbaum Herz und Leber des Rehbocks gegessen hat in dem Glauben, es wären die von Goldbaum gewesen, ist sie sofort wieder gesund. Doch am Quellteich erfährt sie von der Forelle, dass Goldbaum noch lebt und weit schöner ist als sie. Sie ist sehr zornig, stellt sich aber traurig und gibt vor, ihre Tochter zu vermissen. Daraufhin erzählt ihr der König, wie alles in Wahrheit zugegangen ist. Silberbaum lässt sich von ihm ein Schiff geben, um Goldbaum zu besuchen. Als ihre Mutter kommt, errät Goldbaum deren Absicht, verbirgt sich in einer Kammer des Schlosses und stellt sich krank. Doch Silberbaum kann sie dazu bewegen, ihren kleinen Finger durch das Schlüsselloch zu stecken. Sie sticht eine vergiftete Zaubernadel hinein, und Goldbaum sinkt wie tot zu Boden.

Nun begegnet Goldbaum den magischen und zerstörerischen Kräften ihrer Mutter. Sie wirkt brav und schutzlos. Der Schutz durch den Prinzen, den ihr Vater für sie erhofft hatte, ist wirkungslos. Und der König lässt sich von seiner Frau täuschen. Er scheint sie nicht wirklich zu kennen. So kann Silberbaum trotz der großen räumlichen Entfernung ihrer Tochter sehr schaden.

Wenn wir das Märchen subjektstufig betrachten, dann sehen wir, wie dominant der vernichtende Mutterkomplex ist. Der Vaterkomplex ist zwar hilfreich und konnte zunächst vor der völligen Vernichtung bewahren, aber dem Mutterkomplex gegenüber ist er auf Dauer nicht stark genug. Der Prinz, der zu einem positiven Animus werden könnte, ist im entscheidenden Augenblick abwesend. Offenbar ist auch er dem Mutterkomplex gegenüber machtlos. Ein derart zerstörerischer Komplex lässt sich nur sehr bedingt eingrenzen – im Märchen hilft der räumliche Abstand nur vorübergehend.

Der Prinz, ihr Gemahl, findet Goldbaum am Abend. Er trauert um sie, doch da sie noch so frisch aussieht, möchte er sie noch nicht begraben. So bleibt sie lange Zeit auf einem Lager in der Kammer. Schließlich heiratet der Prinz eine zweite Frau. Er erzählt ihr von Goldbaum und bittet sie, jene Kammer nicht zu betreten. Doch die zweite Frau geht hinein, findet Goldbaum, streichelt sie sanft und entdeckt dabei die Zaubernadel. Sie zieht sie heraus, und damit erwacht Goldbaum wieder zum Leben. Als der Prinz am Abend heimkehrt, ist die Freude groß. Die zweite Frau will die beiden verlassen, doch beide bitten sie zu bleiben – so bleiben sie zu dritt.

Wenn ich dieses überlieferte Volksmärchen öffentlich erzähle, werde ich oft gefragt, ob ich mir das selbst ausgedacht hätte. Zusammenleben zu dritt, wie soll das gehen? Diese Frage geht von einer äußerlichen, objektstufigen Betrachtungsweise aus. Betrachten wir das Märchen hingegen subjektstufig, dann können wir die zweite Frau als Schattengestalt zu Goldbaum verstehen. Goldbaum tut, was man ihr sagt (steckt z.B. den kleinen Finger durchs Schlüsselloch, obwohl sie um die böse Absicht ihrer Mutter weiß). Die zweite Frau handelt eigenständig, sie widersetzt sich dem Verbot des Prinzen und wird damit Motor der Erlösung.

Der Prinz bringt durch seine Gefühle und sein Handeln – seine Trauer um Goldbaum, die echte Bezogenheit und Liebe ausdrückt, seine Weigerung, Goldbaum zu begraben, und seine Heirat mit der zweiten Frau, der er offen von seiner Vergangenheit erzählt, Bewegung ins Geschehen. Er wirkt nicht sehr dynamisch, und doch bringt er eine Gestalt aus dem Bereich des Schattens auf die Bühne, die

die entscheidenden Impulse gibt. Damit hat er trotz seiner scheinbaren Passivität doch auch Qualitäten eines positiven Animus.

Als Silberbaum wieder zu der Forelle geht, erfährt sie, dass Goldbaum noch am Leben ist. Sie rast vor Zorn, zeigt das jedoch nicht und lässt sich vom König wieder ein Schiff geben. Als Goldbaum ihre Mutter kommen sieht, möchte sie sich wieder verbergen. Aber die zweite Frau bewegt sie dazu, mit ihr gemeinsam der Mutter entgegenzugehen. Silberbaum reicht ihrer Tochter einen silbernen Becher mit einem Willkommenstrunk. Doch die zweite Frau nötigt sie, selbst einen Schluck daraus zu trinken, worauf sie tot zu Boden sinkt, getötet von ihrem eigenen Gift. Goldbaum und die zweite Frau und der Prinz können dann in Glück und Frieden weiterleben bis ans Ende ihrer Tage.

Nach der Rettung von Goldbaum kehrt die vernichtende Mutter wieder. Die Auseinandersetzung mit ihren magischen und zerstörerischen Kräften, mit ihrer List und Heimtücke ist noch nicht überstanden. Aber die zweite Frau, die Schattengestalt, lässt sich nicht täuschen. Sie ist bereit, sich zu wehren und auch den Tod der mörderischen Mutter in Kauf zu nehmen. Sie kennt an dieser Stelle kein falsches Mitleid. Danach ist das Märchen schnell zu Ende. Allerdings ist ein Märchen schnell erzählt, den Prozess zu durchleben dauert oft viel länger.

Ich finde es sehr stimmig, dass die Lösung hier ganz auf der weiblichen Ebene geschieht. König und Prinz wirken bei der Auseinandersetzung zwischen Mutter und Tochter unterstützend, aber eher aus dem Hintergrund. Es geht um die Entwicklung des jungen Menschen, Frau oder Mann, die oder der lernt, lebensnotwendige Schattenanteile zu integrieren und sich gegen die neidische mörderische Mutter – subjektstufig gegen den mörderischen Mutterkomplex – zu wehren. Dadurch kann sie oder er eigenständiger werden und die eigenen Möglichkeiten zur Entfaltung bringen. Wenn der Schatten auf gute Weise integriert ist, wird der zerstörerische Mutterkomplex entmachtet und das Leben kann gut weitergehen.

Bei diesem Märchen, das objektstufig nicht so einfach nachvollziehbar ist, bringt also eine tiefenpsychologische, subjektstufige Betrachtung wichtige Erkenntnisse, die Menschen ermutigen und unterstützen können, sich gegen übergriffige, rivalisierende und zerstörerische Elterngestalten – innerlich wie äußerlich – zu wehren. So können Märchen durch ihre Bilder und Symbole und durch Betrachtungen dazu unser Leben unterstützend begleiten. Die Betrachtungen sollen dabei allerdings die Schönheit und geheimnisvolle Tiefe der Märchen nicht zerreden, sondern im Gegenteil zu ihr hinführen.

Literatur

Aitken, H., Michaelis-Jena, R. (1991). *Märchen aus Schottland.* München: Diederichs.

Jung, C. G. (5. Auflage, 1983). *Über die Archetypen des kollektiven Unbewussten. GW 9/1.* Olten: Walter.

Lüthi, M. (9. Auflage, 1992). *Das europäische Volksmärchen – Form und Wesen.* Stuttgart: UTB.

Mead, M. (7. Auflage, 1984). *Jugend und Sexualität in primitiven Gesellschaften* (2 Bände). München: dtv.

Gidon Horowitz
Märchenerzähler und Schriftsteller, Autor mehrerer Märchenbücher. Psychologischer Psychotherapeut (Psychotherapie / Psychoanalyse, DGAP, IGfAP) in eigener Praxis in Stegen bei Freiburg im Breisgau. Lehranalytiker und Supervisor am C.G. Jung-Institut Stuttgart. Im Vorstand der Internationalen Gesellschaft für Tiefenpsychologie e.V.

Leib und Seele: Konzepte und ihre Bedeutung

Renate Daniel

Foto: Adobe Stock 37824372

Wenn Frühgeborene oder untergewichtige Neugeborene täglich mehrere Stunden auf den nackten Oberkörper der Mutter oder des Vaters gelegt werden, um mit ihnen zu kuscheln und zu schmusen, sinkt ihr Sterberisiko um etwa 40 Prozent. Weil dies aufgrund der strengen Pandemieregeln auf den Entbindungsstationen vieler Länder verboten wurde, schlug die Weltgesundheitsorganisation (WHO) im März 2021 Alarm (dpa Pressemeldung vom 26.03.2021), denn das Risiko dieser Kinder, an Covid-19 zu sterben, war vergleichsweise niedrig.

Emotionale Zuwendung, Berührung und Beziehung beeinflussen nicht nur bei Kindern, sondern auch bei Erwachsenen nachgewiesenermaßen die körperliche Gesundheit. Aber wie geschieht das genau? Die Neuropsycho-

logen Mark Solms und Oliver Turnbull sind der Meinung, dass wir ganz grundsätzlich nicht in der Lage sind, die Art der Wechselwirkung zwischen Seele und Körper mit wissenschaftlichen Methoden nachzuweisen (Solms & Turnbull, 2004, S. 69).

Der Vorgang, bei dem Materie zu Geist wird, aber auch, wie die Seele Körperliches bewirkt – das uralte Leib-Seele-Problem – wäre demnach der heutigen Wissenschaft nicht zugänglich, sondern bliebe ein Geheimnis. Alles, was sich aber der Erkenntnis entzieht und geheimnisvoll ist, kann nur in einem Symbol erfasst werden. Somit wären die derzeit verbreiteten wissenschaftlichen Hypothesen zum Leib-Seele-Problem ebenfalls Symbole, mit denen wir die Welt deuten, aber nie vollständig erfassen.

Und wie bei anderen Symbolen können diese Leib-Seele-Theorien für uns „tot" sein, gewissermaßen irrelevant: Sie sprechen uns einfach nicht an. Oder sie beeindrucken uns emotional, sind plausibel, faszinieren und zeigen eine belebende Wirkung – und warum genau wir auf die eine oder andere Art reagieren, wissen wir nicht wirklich. Fest steht, dass die uns ansprechende Theorie einen großen Einfluss darauf hat, wie wir mit uns selbst und anderen umgehen. Sie kann Halt und Orientierung geben, manchmal sogar Sinn stiften. Dadurch wird sie kostbar, weshalb wir sie nicht einfach nüchtern zur Seite legen können, sondern gegen Skeptiker verteidigen.

Warum erwähne ich das? Nun, weil es nicht eine, sondern verschiedene Leib-Seele-Theorien gibt und einiges dafür spricht, dass wir die unterschiedlichen Leib-Seele-Modelle „nur" glauben können. In Glaubensfragen kommt es aber bekanntermaßen gerne zu Entwertungen, Grabenkämpfen oder Rechthaberei. Das Aufeinanderprallen unterschiedlicher Weltbilder kann schmerzhaft sein, weil Zweifel oder Dissonanz entstehen können. Meines Erachtens geht es aber nicht darum, gefälligst die „richtige" Theorie zu akzeptieren, sondern um die Fähigkeit zum Dialog und zur Toleranz, zumal bei genauem Hinsehen alle vorgestellten Leib-Seele-Theorien etwas für sich haben und es sehr leicht ist, jede einzelne Theorie ins Lächerliche zu ziehen (Solms & Turnbull, 2004, S. 68).

Einige Leib-Seele-Theorien bzw. deren Aspekte möchte ich an dieser Stelle vorstellen. Zunächst die in der westlichen Welt zutiefst verankerte Leib-Seele-Theorie des Dualismus, die besagt, dass wir aus zwei voneinander getrennten Wesenheiten, nämlich Leib und Seele bestehen.

Als wichtigster Vertreter dieser Dualismustheorie, gilt René Descartes (1596 – 1650), der in seinem Werk *De homine* den Körper als Maschine beschreibt. Unser Organismus funktioniere wie das Räderwerk einer Uhr, und wenn man die technischen Abläufe verstehe, könne man auch die Ursache-Wirkungsketten von Krankheiten erforschen und schlüssig behandeln. Für das Verständnis der körperlichen Funktionen brauche es keine Seele. Es genügt, die Physik der Lebensprozesse zu beschreiben und zu verstehen.

Foto: Jon Anders Wiken Adobe Stock 348238726

Die zu Lebzeiten von Descartes gewonnenen naturwissenschaftlichen Erkenntnisse zum Blutkreislauf, der Struktur innerer Organe oder des Bewegungsapparates unterstützten dieses Weltbild. Für viele Mediziner und Anatomen war von nun an evident, dass in der Körperwelt alles mechanisch geschieht, auch wenn die einzelnen Vorgänge noch nicht restlos verstanden waren.

Diesem dualistischen Weltbild der Medizin haben wir alle sehr viel zu verdanken. Der häufig lebensrettende technische Fortschritt in der Akut-, Intensiv- oder Transplantationsmedizin, bei künstlicher Ernährung, Dialyse, Reanimation und vielem mehr wäre ohne Betrachtung des Körpers als von der Seele unabhängiger Maschine kaum möglich geworden. In den genannten medizinischen Fachgebieten funktioniert diese mechanische Sicht gut und ist laut dem am Deutschen Herzzentrum Berlin tätigen Arzt und Psychologen Wolfgang Albert auch heute weit verbreitet. Zahlreiche herzkranke Menschen nehmen ihr Herz zunächst als mechanische Pumpe wahr (Geisenhanslüke, 2019, S. 163). Sie kommen mit der Vorstellung ins Krankenhaus, dass ihre nicht mehr funktionierende Pumpe durch Operationen oder Medikamente wieder repariert werden kann.

Sobald aber eine Herztransplantation ansteht, wollen Männer weniger gern ein Frauenherz übertragen bekommen, sondern bevorzugen ein Männerherz. Spätestens hier wird deutlich, dass ein neues Herz nicht lediglich als Maschine bzw. ein Ersatzteil wahrgenommen wird. Das Herz hat auch eine emotionale und symbolische Bedeutung, die sich auf den Körper auswirkt.

Das wird auch am „gebrochenen Herzen" deutlich. Dieser Begriff ist nämlich nicht ausschließlich eine bildhafte Umschreibung von Seelenkummer, sondern hat manchmal ein physisches Korrelat. Tiefe Trauer, intensiver Stress, aber auch überwältigende positive Gefühle anlässlich einer Geburt oder dem Mitfiebern bei einer Fußballweltmeisterschaft sind nicht allein seelische Phänomene, sondern können zu einer schweren Schädigung des Herzens führen. Man spricht hier vom „Broken-Heart-Syndrom" und „Happy-Heart-Syndrom", und beide verlaufen gelegentlich tödlich.

Es ist offensichtlich, dass Körper, Gefühle und Seele nicht unabhängig voneinander existieren, sondern eine enge Einheit bilden. Das reine Maschinenmodell kann nicht stimmen. Bei chronischen Erkrankungen führt das dualistische Weltbild sogar häufig zu einem Desaster, denn hier kann der Mensch nicht länger abgekoppelt von seiner Psyche, seiner sozialen Umwelt und Beziehungswelt angemessen diagnostiziert, geschweige denn behandelt werden (Schubert, 2015, S. IX).

Obwohl die gegenseitige Beeinflussung von Psyche und Körper heute wissenschaftlich gut belegt ist und die meisten Menschen dank ihrer Alltagserfahrungen dem zustimmen, bleiben laut dem ärztlichen Psychotherapeuten und Psychoneuroimmunologen Christian Schubert viele Wissenschaftler und Laien in einem dualistischen Denkmodus stecken – etwa wenn im heutigen Informationszeitalter der Körper als Hardware und die Psyche als dazugehörige Software beschrieben werden. Eine solche Bildersprache wirft interessante Fragen auf. Kann ich die Hardware austauschen, also meine Psyche auf eine andere Hardware übertragen? Und könnte man dadurch sogar dem körperlichen Tod ein Schnippchen schlagen und die Psyche in anderer Form weiterleben lassen?

Der Philosoph Luciano Floridi sucht mit Analogien nach Antworten: Ohne eine Raupe gibt es zwar keinen Schmetterling, aber die Raupe muss nicht mehr da sein, um dem geschlüpften Schmetterling das Leben zu ermöglichen. Die Informationskultur scheint deshalb offen für die Idee, dass der Körper (eigentlich das Gehirn) zwar notwendig ist, um eine Persönlichkeit, ein Bewusstsein, Geist und Seele entstehen zu lassen, aber wenn sich all das aus dem Körper heraus entwickelt hat, braucht es diesen grundlegenden ersten Körper vielleicht nicht mehr unbedingt. Das muss nicht heißen, dass die Psyche ganz auf eine physische Plattform verzichten kann, aber vielleicht gibt es andere Träger, die ähnlich gut wie unser natürlicher Körper als Träger geeignet sind und auf die man Geist und Seele quasi „hochladen" (mind uploading) könnte.

Solche Überlegungen sind nur möglich, wenn man davon ausgeht, dass Körper und Seele/Geist unabhängig voneinander existieren können (Floridi, 2015, S. 99). Für den Psychiater Thomas Fuchs steckt hinter solchen Utopien der Wunsch nach dem Triumph des

Foto: WhataWin Adobe Stock 464698362

Geistes über die Materie (Fuchs, 2021, S. 24). Menschen wollen den Körper loswerden und digital unsterblich werden. Damit stehen sie in der leibfeindlichen Tradition des griechischen Philosophen Platon, der seinen Körper als Gefängnis des Geistes beschrieb, oder auch des indischen Heiligen Shri Ramana Maharshi (1879 – 1950), der seinen Körper als lästigen Klotz empfand, weil er ihn in seinem Streben nach Erleuchtung behindert. Platon wie auch Shri Ramana wären wohl fasziniert von der Idee des „mind uploading". Doch kann das jemals wahr werden?

Die beiden Neuropsychologen Mark Solms und Oliver Turnbull halten das für unmöglich (Solms & Turnbull, 2004, S. 60 ff.). Sie postulieren: Wir bestehen aus einem einzigen „Stoff", den wir auf zwei unterschiedliche Weisen wahrnehmen. Ihrer Meinung nach sind wir unserem Wesen nach weder geistig noch körperlich. Das Gehirn ist aus etwas gemacht, das von außen, als Gegenstand betrachtet, körperlich zu sein scheint, und von innen betrachtet als mental erscheint.

Wenn wir uns äußerlich im Spiegel und innerlich durch Introspektion wahrnehmen, beobachten wir ein und dieselbe Entität auf zwei unterschiedliche Weisen: als Körper und als psychisches Wesen. Der Unterschied zwischen Körper, Seele und Geist wäre in diesem Leib-Seele-Modell ein reines Wahrnehmungsartefakt. Aber aus welchem „Stoff" wir dann gemacht wären, können wir niemals wahrnehmen. Wir sind prinzipiell nicht in der Lage, die zwei Seiten ein- und derselben Identität ganzheitlich und gleichzeitig zu erfassen – weshalb wir um eine dualistische Sprache bei der Beschreibung von Leib-Seele-Phänomenen wohl nicht herumkommen.

Auch C. G. Jung hat vermutet, dass Materie und Psyche wahrscheinlich zwei verschiedene Aspekte einer und derselben Sache sind (Jung, GW 8, § 418). Die von uns vorgenommene Trennung von Seele und Körper deutete er als künstliche Operation, die weniger im Wesen der Dinge als vielmehr Folge des erkennenden Bewusstseins ist. Die Fähigkeit zum Bewusstsein wäre der Grund dafür, dass wir dualistischen Vorstellungen und Beschreibungen verhaftet bleiben.

Wem diese Leib-Seele-Theorie abstrus erscheinen mag, der sei daran erinnert, dass das Phänomen des Doppelaspekts ein und derselben Sache nicht völlig außergewöhnlich ist: Wir kennen es vom Phänomen Licht. Seit knapp hundert Jahren sind die Physiker gezwungen, das Licht einmal als Korpuskel und ein anderes Mal als Welle zu beschreiben. Licht präsentiert sich mit zwei unterschiedlichen Gesichtern, die nie gleichzeitig beobachtet werden können. Je nach Experiment zeigt es sich einmal als Welle und ein anderes Mal als Teilchen. Diese Tatsache müssen die Physiker hinnehmen; bis heute verstehen sie nicht genau, was Licht wirklich ist. Analog könnten Körper und Seele in unserer Wahrnehmung die zwei wahrnehmungstechnisch unvereinbaren Seiten ein und desselben Phänomens sein.

Für eine potenzielle, hinter unserer dualistischen Wahrnehmung liegende Einheitswirklichkeit als Hintergrund der empirischen Welt hat Jung an die Idee des „Unus mundus" aus der mittelalterlichen Naturphilosophie verwiesen, die, wörtlich übersetzt, die eine Welt meint, die allem zugrunde liegt (Jung, GW 14/2, § 414; mehr dazu, insb. zum Konzept der Synchronizität in Daniel, 2020, S. 59 ff.). In diesem Konzept wären Körper und Seele jeweils eine Seite eines uns unzugänglichen Urgrunds.

Die meisten Neurowissenschaftler widersprechen einem solchen Konzept, weil sie insbesondere aufgrund ihrer Forschungen mit bildgebenden Verfahren davon ausgehen, dass Geist, Gefühle und Bewusstsein aus der Aktivität unserer Nervenzellen hervorgehen. Das Ur-Substrat ist ihrer Ansicht nichts hintergründig Verborgenes, sondern die Materie selbst, und aus ihr entsteht seelisches und geistiges Erleben. Jung konnte sich mit dieser materialistischen Haltung, die Psyche als eine Art Sekret des Gehirns versteht, vergleichbar der Galle als Produkt der Leber, gar nicht anfreunden. Er fragte sich, wie chemische Prozesse jemals psychische Vorgänge erzeugen sollten, vermochte aber gleichzeitig nicht zu sehen, wie eine immaterielle Psyche jemals etwas Materielles bewirken kann (Jung, GW 8, § 938).

Und auf diese Frage kann bis heute niemand eine Antwort geben. Wir sind wieder bei der Eingangsfrage angelangt, welches der erwähnten Konzepte das „richtige" ist und ob überhaupt das „richtige" bei den hier beschriebenen dabei ist. Die Folgen des richtigen Konzepts sind erheblich. Wer etwa die Materie als Ursprung allen geistig-seelischen Lebens anerkennt, wird wohl davon ausgehen, dass mit dem physischen Tod alles zu Ende ist. Ein Leben nach dem Tod kann es in dieser Leib-Seele-Theorie nicht geben. Wer dagegen der Theorie einer geheimnisvollen Einheitswirklichkeit etwas abgewinnen kann, wird offen sein für metaphysische (Jenseits-) Vorstellungen.

Doch nicht nur solche letzten Fragen, sondern auch der alltägliche Umgang mit Erkrankungen wird durch diese Konzepte beeinflusst. Sie entscheiden mit darüber, welche Krankheitsursachen wir akzeptieren und welche nicht, sowie darüber, welcher Art von Medizin bzw. Heilmethoden wir vertrauen und welchen nicht. Deshalb ist es lohnend zu entdecken, welches Leib-Seele-Modell uns am ehesten prägt.

Literatur

Daniel R. (2020). *Psyche und Soma*. Stuttgart: Kohlhammer.

dpa Pressemeldung vom 26.03.2021, abzurufen unter https://www.geo.de/wissen/gesundheit/weniger-kuscheln-wegen-corona--who-sieht-fruehchen-in-gefahr--30436012.html

Floridi, L. (2015). *Die 4. Revolution. Wie die Infosphäre unser Leben verändert*. Berlin: Suhrkamp.

Fuchs, T. (2021). *Verteidigung des Menschen. Grundfragen einer verkörperten Anthropologie*. (3. Aufl.). Berlin: Suhrkamp.

Geisenhanslüke, R. (2019). *Kein Organ wie jedes andere*. Geo Wissen Gesundheit. 11.

Jung, C. G. (1971). *Theoretische Überlegungen zum Wesen des Psychischen*. In GW 8. Olten und Freiburg: Walter.

Jung, C. G. (1971). *Mysterium coniunctionis*. GW 14/2. Olten und Freiburg: Walter.

Schubert, C. (2015). Vorwort zur zweiten Auflage. In C. Schubert (Hrsg.), *Psychoneuroimmunologie und Psychotherapie* (2. Auflage). Stuttgart: Schattauer.

Solms, M. & Turnbull, O. (2004). *Das Gehirn und die innere Welt. Neurowissenschaften und Psychoanalyse*. Düsseldorf: Patmos.

Renate Daniel
Dr. med., Ärztin für Psychiatrie, Psychotherapie und Psychoanalyse (C. G. Jung), Lehranalytikerin und Supervsiorin am C. G. Jung-Institut Zürich, Autorin.

Ich fürchte mich so vor der Menschen Wort

Ich fürchte mich so vor der Menschen Wort.
Sie sprechen alles so deutlich aus.
Und dieses heißt Hund und jenes heißt Haus,
und hier ist der Beginn und das Ende ist dort.

Mich bangt auch ihr Sinn, ihr Spiel mit dem Spott,
sie wissen alles, was wird und war;
kein Berg ist ihnen mehr wunderbar;
ihr Garten und Gut grenzt grade an Gott.

Ich will immer warnen und wehren: Bleibt fern.
Die Dinge singen hör ich so gern.
Ihr rührt sie an: sie sind starr und stumm.
Ihr bringt mir alle die Dinge um

Rainer Maria Rilke (1899)

Hinter dem Horizont
Über die Geschichte der Weltbilder

Ernst Peter Fischer

Foto: Pexels (pixabay.com)

In dem Buch „Mit den Meeren leben" beschreibt die jüngste Tochter von Thomas Mann, Elisabeth Mann Borgese, wie sie in ihren Kindertagen mit ihrem Vater am Meer steht und beide „ganz benommen in die Ferne" schauen. Und weiter:

> Was mich am tiefsten beeindruckte, war der Horizont, der sich fest und ungebrochen, wie von einem überdimensionalen Zirkel gezeichnet, von einem Ende des Blickfeldes zum anderen hinzog. „Das ist der Horizont", erklärte mein Vater. „Und was ist hinter dem Horizont?", fragte ich. „Der Horizont und dahinter wieder der Horizont. Je weiter du hinausruderst, umso weiter zieht sich der Horizont zurück, so dass du immer nur einen Horizont siehst, bis ganz, ganz zuletzt das Land in Sicht kommt, und dann ist der Horizont verschwunden. Du kannst ihn aber wieder sehen, wenn du dich umdrehst."

Der Horizont bleibt Menschen unerreichbar und verlockend. Hinter ihm scheint eine geheimnisvolle Welt zu liegen. Schon früh gab es die Vorstellung, dass sich hinter oder über dem Horizont der Wolkendecke ein Himmelsreich mit göttlichen Bewohnern befindet, und viele meinen, dass hinter der Linie, an deren Verlauf der Himmel die Erde küsst, etwas ganz anderes liegt, das man gerne als das Wesentliche versteht und das Sehnsucht nach der Ferne auslöst.

Der Wunsch, hinter den Horizont zu schauen, gehört zum Menschen und charakterisiert ihn, wie man den drei Fragen von Immanuel Kant entnehmen kann, die zusammen verstehen wollen: „Was ist der Mensch?" Was kann der Mensch wissen? Er kann seine Grenze oder seine Grenzen kennen, zum Beispiel den Horizont am Meer. Was kann der Mensch tun? Er kann versuchen, sie zu überwinden und hinter die Trennlinie zu kommen. Und was darf der Mensch dabei hoffen? Dass ihm Erfolg bei dem Bemühen beschieden ist.

Elisabeth Mann Borgese hat der Vorschlag ihres Vaters gefallen, und so löste er langfristig etwas in ihrer Seele aus:

> Ich musste oft über den Horizont nachdenken, und er hatte die unterschiedlichsten Bedeutungen für mich. Als ich zwölf Jahre alt war, schien er mir die Einheit von

> *Das Schönste, was wir erleben können,*
> *ist das Gefühl für das Geheimnisvolle.*
> *Es ist das Grundgefühl,*
> *das an der Wiege von wahrer Kunst und Wissenschaft steht.*
>
> Albert Einstein

Zeit und Raum in einem sich ausdehnenden Universum verständlich und anschaulich zu machen. So, wie man sich in den Raum hinausbewegt, was ja Zeit dauert, so erweitert sich der Horizont des Universums, dachte ich mir, und die Endlichkeit wird zur Unendlichkeit

wie es zum Beispiel auch Werner Heisenberg spürt, dem es 1925 auf der Insel Helgoland möglich war, „beim Blick über das Meer einen Teil der Unendlichkeit zu ergreifen". Dieser Eindruck hat den damals 24-Jährigen befähigt, die scheinbar unüberwindlichen Grenzen der klassischen Form seiner Wissenschaft hinter sich zu lassen und ein neues Weltbild mit Atomen zu entwerfen.

Einsteins Weltbild

Das erste Buch, das sich der Verfasser dieser Zeilen 1962 im Alter von 15 Jahren vom ersten selbstverdienten Geld gekauft hat, war Einsteins *Mein Weltbild*. Darin stand zum Beispiel: „Töten im Krieg ist nach meiner Auffassung um nichts besser als gewöhnlicher Mord", eine Ansicht, die ebenfalls zu Einsteins Weltbild gehörte und die seinen jungen Leser ermutigte, ein paar Jahre später den Wehrdienst zu verweigern.

Wenn Einstein unter der Überschrift „Wie ich die Welt sehe" beschreibt, wie sich ihm die Dinge und ihre Wirklichkeit zeigen, gibt er zwei Bemerkungen von sich, die wie persönliche Bekenntnisse wirken und den Verfasser dieser Zeilen bis heute nicht zur Ruhe kommen lassen und – wenn man so sagen darf – ihn auf konkrete Weise ermutigen, ständig an seinem eigenen Weltbild zu malen.

In der ersten Feststellung drückt Einstein seine eher ungemütliche Ansicht aus, dass Menschen im philosophischen Sinne keineswegs frei handeln und vielmehr sowohl unter einem äußeren Zwang stehen als auch von inneren Notwendigkeiten geleitet werden.

Man kann zwar tun, was man will, man kann aber nicht wollen, was man will, wie Einstein mit Blick auf Arthur Schopenhauer schreibt.

Doch die zweite Äußerung löste die Beklemmung der ersten zum Glück auf, denn mit ihr bekennt sich Einstein freudig und mitreißend als zugleich aufgeklärter und aufklärender Wissenschaftler zu dem grandiosen Erlebnis des Geheimnisvollen, das es ihm letztlich sogar ehrlich erlaubt, sich als einen tiefreligiösen Menschen zu bezeichnen:

> Das Schönste, was wir erleben können, ist das Gefühl für das Geheimnisvolle. Es ist das Grundgefühl, das an der Wiege von wahrer Kunst und Wissenschaft steht. Wer es nicht kennt und sich nicht mehr wundern, nicht mehr staunen kann, der ist sozusagen tot und sein Auge erloschen

wie der hier schreibende Autor als junger Mann las und was sich dem Knaben mit heißen Bäckchen als Lebensaufgabe stellte.

Eine Welt und viele Bilder

Was ist ein Weltbild? Jeder wird mühelos verstehen, was das mechanische Weltbild der Physik mit den dazugehörigen Gesetzen für die Bewegungen von materiellen Körpern meint, und sich wundern, wenn zu erfahren ist, dass dieses Bild gründlich zerstört worden ist. Und jeder wird ebenso unmittelbar erfassen, was Zeitungen meinen, wenn sie Terroristen unterstellen, ein „rechtsextremistisches Weltbild" zu propagieren, das Hass auf unschuldige Menschen mit sich bringt. Wenn auch jedem das Trio aus Welt, Bild und Weltbild schon mehrfach in die Quere gekommen ist, soll den-

Galileo mit seinem Teleskop auf dem Markusplatz in Venedig. Holzstich. (wikimedia)

noch der Versuch unternommen werden, die Begriffe knapp zu explizieren.

Was die Welt angeht, so meint das Wort zum Beispiel den Gegenstand einer Wissenschaft namens Kosmologie, die dabei exotische Objekte wie schwarze Löcher oder Rote Riesen findet. Mit der Welt kann man aber auch die Erde und die Menschen erfassen, die auf ihr leben, und das kurze Wort kann darüber hinaus ganz allgemein die Gesamtheit der physischen Wirklichkeit benennen, wobei derjenige, der von dieser Welt spricht, keine besondere Einstellung ihr gegenüber vertreten muss. In Goethes *Faust* darf der Teufel frisch fromm fröhlich frei „das Etwas, diese plumpe Welt", „was sich dem Nichts entgegenstellt" beschreiben, und dabei soll es in diesem Kontext belassen bleiben.

Was das Bild angeht, so fällt sofort auf, dass es zum einen innere und äußere Bilder gibt – man kann sich schließlich sowohl etwas einbilden und vorstellen als auch Fotografien oder Gemälde betrachten – und dass es sich zum zweiten lohnt, Bilder, die jemand Punkt für Punkt und Strich für Strich auf einer Leinwand zustande gebracht hat, von denen zu

unterscheiden, die jemand mit einer Kamera und einem einzigen Druck auf den Auslöser aufgenommen hat. Bilder werden – wie die Welt selbst – mit Augen betrachtet, wobei seit der Romantik bekannt ist, dass es neben den äußeren Sehorganen im Kopf auch ein inneres Augenpaar gibt, mit dem sich das Eigentliche erkennen lässt, das unter der Oberfläche der Erscheinung oder hinter dem Horizont des Sichtbaren steckt und nur in einer Einbildung offen gelegt – oder sogar offenbart – werden kann. Das ergibt insgesamt drei Dopplungen, und wahrscheinlich finden sich noch mehr, wenn Menschen ihre Aufmerksamkeit den Bildern zuwenden.

Wichtig ist der Hinweis, dass ein Bild im Normalfall etwas zeigt, was es selbst nicht ist. Das Bild einer Pfeife ist bekanntlich keine Pfeife, wobei Betrachter immer wieder schmunzeln werden, wenn sie das berühmte Bild von René Magritte aus dem Jahre 1929 anschauen, auf dem eine Pfeife zu sehen ist, unter der geschrieben steht: „Dies ist keine Pfeife." Und das stimmt ja auch. Und unter jedem Bild, das Physiker von Atomen malen, muss dringend stehen: „Das ist kein Atom."

Der Holzstich des *Wanderers am Weltenrand* ist das Werk eines unbekannten Künstlers. Es zeigt einen Menschen, der am Horizont als dem Rande der Welt mit den Schultern in der Himmelssphäre steckt und dahinter Befindliches erblickt. Der Holzstich erschien erstmals 1888 in einem populärwissenschaftlichen Buch des französichen Autors und Astronomen France Camille Flammarion. (wikimedia)

Was nun das Kompositum „Weltbild" angeht, so will ich dem Philosophen Martin Heidegger folgen, der sich im Jahre 1938 Gedanken über *Die Zeit des Weltbildes* gemacht hat. Heidegger charakterisiert die Wissenschaft durch den Hinweis, „zu den wesentlichen Erscheinungen der Neuzeit" zu gehören, und er fragt unter dieser Vorgabe „nach dem neuzeitlichen Weltbild", ohne zu verraten, welche Einsichten etwa der Physik oder Chemie er im Auge hat, die damals radioaktive Elemente herzustellen lernte und sich durch Analyse von Vitaminen den Lebensvorgängen näherte:

> Was ist das – ein Weltbild? Offenbar ein Bild von der Welt. Aber was heißt hier Welt? Was meint da Bild? Welt steht hier als Benennung des Seienden im Ganzen. Der Name ist nicht eingeschränkt auf den Kosmos, die Natur. Zur Welt gehört auch die Geschichte.

wie der Philosoph anmerkt, der im Anschluss an die klaren Auskünfte anfängt, tiefer zu graben und dabei von der „Wechseldurchdringung" von Natur und Geschichte spricht und sogar einen „Weltgrund" anführt, der in „Beziehung zur Welt gedacht wird".

„Zur Welt gehört auch die Geschichte." Weltbilder haben dann ebenfalls eine Geschichte.

Das Seiende im Ganzen ist ein dauerhaftes Werden ihrer Teile, wie die neuzeitliche Wissenschaft immer besser zu sagen weiß, weshalb ein Weltbild auch eher als ein Prozess, als ein fortgesetztes Geschehen, als eine unendliche Geschichte zu verstehen ist, eben als eine Weltbildung. Sie liefert eine Welt und setzt zugleich das Arbeiten an ihr fort.

Zurück zu Heidegger:

> Weltbild, wesentlich verstanden, meint daher nicht ein Bild von der Welt, sondern die Welt als Bild begriffen.

Und die Möglichkeit dazu zeichnet die Neuzeit aus. Ihr philosophisches Wesen besteht nämlich darin, „dass überhaupt die Welt zum Bild wird", und damit zeigt in diesem Fall das Bild, was es selbst ist, nämlich die Welt, was einen ins Grübeln bringen kann.

An dieser Stelle kann man auf einen Gedanken hinweisen, der in den 1920er Jahren in der Physik aufgekommen ist, als deren Vertreter dabei waren, einen Wandel im Weltbild ihrer Wissenschaft zu vollziehen. Bei ihrem Versuch, die Atome und ihre Wirklichkeit zu verstehen, bemerkten die Physiker, dass sie gar keine Beschreibung der Natur lieferten, wie sie zuvor immer gedacht hatten.

Ihre Physik lieferte vielmehr eine Beschreibung des Wissens, das sie von der Natur haben. Sie konnten sich zum Beispiel gar kein Bild von einem Atom machen, weil diese Gegebenheiten der Natur überhaupt kein Aussehen erkennen ließen. Die Physiker konnten ein Atom nur als Bild begreifen, also im Modus der Kunst durch die Form, die sie ihm verliehen, und sie konnten sich dabei sogar freuen, dass sich die Objekte der Begierde durch eine persistierende und also dauerhafte Gestalt auszeichneten, die sich der menschlichen Einbildungskraft als zugängig erwies. Welche Experimente sie auch mit Atomen unternehmen, zuletzt zeigten sich immer wieder die alten (ewigen, urtümlichen) Atome nur mit neuen Formen.

Durch das Fenster der Wissenschaft

Vom Weltbild der Physik ist schon mehrfach gesprochen worden. Natürlich haben andere Disziplinen der Naturwissenschaft – etwa die Chemie, die Biologie, die Geologie und noch weitere – eigene Beiträge zu dem geliefert, was man als Weltbild der Wissenschaft bezeichnen kann, und sie werden auch an geeigneter Stelle angesprochen. Aber die Physik nimmt als Wissenschaft eine Sonderstellung ein, wie man sieht, wenn etwa die Wirtschaftswissenschaften viele Konzepte der Physik – wie etwa den Quantensprüngen, den Ordnungszuständen, den Spannungsfeldern, den Bindungskräften, dem Gleichgewicht und der Entropie – übernehmen, um damit ihre theoretischen Vorstellungen zu formulieren.

Einige Eigentümlichkeiten der „Naturwissenschaft mit Sonderstellung" entfalten allerdings Unheil bei der öffentlichen Einschätzung der Wissenschaft. Nicht loszuwerden ist zum Beispiel die im frühen 17. Jahrhundert geäußerte Ansicht von Galileo Galilei, in dessen Vorstellung – in dessen Weltbild – es ein Buch der Natur gibt, das in der Sprache der Mathematik geschrieben worden ist und das nur von denen gelesen werden kann, die dieses Idiom beherrschen. Zwar konnte im ausgehenden 17. Jahrhundert Isaac Newton tatsächlich ein Gesetz der Gravitation aufstellen, das ausschließlich mathematische Symbole benutzte und mit seiner Vorhersagekraft die Zeitgenossen dazu verleitete, das Universum als ein Uhrwerk –Newton´s Clockwork – anzusehen, das regelmäßig tickt und keine Abweichungen

etwa bei Planetenbahnen aufkommen lässt.

Aber die Natur besteht neben den durch Schwerkraft bewegten Körpern noch aus chemischen Substanzen und lebendigen Wesen mit kreativen Köpfen, um nur wenige Beispiele zu nennen, und auf einen „Newton des Grashalms" oder eine „Physik der Sitten und des Rechts" wartet die Menschheit bis heute vergeblich, um zum einen eine Formulierung des Philosophen Immanuel Kant und zum zweiten einen Buchtitel des Soziologen Emile Durkheim zu zitieren.

Es gibt dieses Buch der Natur nicht, von dem Galilei geredet hat und das von irgendeinem transzendenten Autor verfasst worden ist, der auch schwer zu fassen bleibt. Wenn man im Bild der Druckerzeugnisse bleiben möchte, lässt sich bestenfalls sagen, dass es hier ein Magazin der Natur gibt, in dem sich mathematische Beschreibungen mit künstlerischen Darstellungen und begrifflichen Analysen abwechseln und in dem folglich viele Leser etwas für ihren jeweiligen Geschmack und ihre Neugierde finden. Jeder bleibt aufgefordert, sein eigenes Weltbild mit den zur Verfügung gestellten Qualitäten einzurichten und auszumalen.

Von Uhren und Wolken

Mit dem mechanischen Weltbild der Physik ist die Ansicht gemeint, dass physikalische Gesetze die Abläufe der Welt weitgehend erfassen oder gar komplett berechenbar machen und also durch eine Art Algorithmus determinieren, was zu Einsteins eingangs zitierten Gedanken passt, dass den Menschen keine Freiheit bleibt und sie vielmehr durch physikalisch erklärbare Zwänge und andere Notwendigkeiten gebunden sind. Die Welt zeigt sich in dieser besorgniserregenden Vorstellung als ein Uhrwerk, dessen Räder- oder Federmechanik gnadenlos abläuft.

Tatsächlich denken viele Zeitgenossen sofort an einen unangenehmen Determinismus, wenn sie von den Gesetzen der klassischen Physik hören, und sie nehmen kaum zur Kenntnis, dass diese exakte Form der Wissenschaft mit ihrer mathematischen Sprache im Verlauf der nachfolgenden Geschichte eine Revolution der Wahrscheinlichkeit erleben und vollziehen musste und dabei bemerkt und verkündet hat, dass es vor allem statistische Gesetze gibt, die in der Natur wirken. Überall wimmelt es von Wahrscheinlichkeit und Kontingenz, die in einer komplexen Welt kaum noch exakte Vorhersagen gestatten – etwa beim Wetter oder beim Börsenhandel und erst recht nicht beim Klima oder bei Wetten auf Fußballergebnisse. Diese Befreiung von den deterministischen Fesseln des mechanischen Denkens kann als Gegenleistung dem Wunsch nach Freiheit neue Möglichkeiten einräumen, die jetzt immerhin auch im physikalischen Rahmen Platz finden.

Ihren anschaulichen Höhepunkt hat die Entwicklung des statistischen Denkens und ihre Betonung des Zufälligen in jüngster Zeit in dem Schmetterlingseffekt gefunden. In seiner Erzählung kann der Flügelschlag eines Schmetterlings irgendwo in Europa oder auch in anderen Regionen auf dem Globus sich über nichtlineare physikalische Wechselwirkungen immer stärker aufschaukeln und zuletzt einen Wirbelsturm in der Karibik oder sonst wo auslösen. Die Physiker sprechen von einem deterministischen Chaos, mit dessen Hilfe physikalische Systeme die Ordnung annehmen, die sich ihren Beobachtern zeigt. „Nichts kann existieren ohne Ordnung", wie Einstein formuliert hat, und „nichts kann entstehen ohne Chaos".

Die lange Rede weist einen kurzen Sinn auf, denn die vielen Worte lassen sich ganz einfach auf ihren weltanschaulichen Punkt bringen, wie es der Philosoph Karl Popper einmal unnachahmlich vorgeschlagen hat. Demnach darf man sich die Welt nicht mehr als Uhrwerk vorstellen, wie es Newton zu verdanken ist und wie noch im 18. Jahrhundert in Mode war. Man sollte sich die Welt vielmehr als Wolke denken, was allein deshalb ein schönes Bild ergibt, weil man mit seiner Hilfe ohne einen mechanischen Apparat auskommt, den es dauernd aufzuziehen gilt.

Nochmal Einstein und weiter

Zuletzt erneut Einsteins Idee: Das Schönste, das Menschen erleben können, ist das Geheimnisvolle, wie er meint. Das größte Geheimnis treffen Menschen in der Liebe an. Mit ihrer Hilfe verbindet sich ein geliebtes Wesen als Punkt in der Welt mit diesem Ganzen, wobei ich die Anmerkung riskiere, dass diese Liebe auch zu einem Buch wie *Mein Weltbild* entstehen kann, mit dessen Ausstrahlung man sich dann heimisch, geheimnisvoll fühlen darf.

Der Mensch und die Welt, sie sind untrennbar verschränkt und bilden das Ganze, das die antiken Philosophen Atom nannten und die Menschen immer fasziniert hat. Die Griechen nahmen an, Atome seien die kleinsten Einheiten in der Welt. Tatsächlich zeigt sich im Weltbild der modernen Physik, dass ein Atom das dynamische und spannungsgeladene Ganze ist, in dem sich Mensch und Welt verbinden oder verweben.

Die Welt und ich – wir beide, verbunden in der Liebe unseres Lebens und gesehen in dem Licht, das aus den Atomen kommt und also von uns selbst stammt. Es heißt: Am Anfang war das Wort. Aber davor muss jemand entstanden sein, der das Wort gesprochen hat. Um ihn zu zeugen, brauchte es die Liebe zwischen zwei Menschen. Am Anfang war also die Liebe, und dies zeigt die Welt in einem neuen Licht. Das dazugehörige Weltbild leuchtet und lockt.

Ernst Peter Fischer
geboren 1947 in Wuppertal, Professor für Wissenschaftsgeschichte an der Universität in Heidelberg; wissenschaftlicher Berater der Stiftung Forum für Verantwortung, Buchautor und Publizist.

Religiöse Sprache ist Symbolsprache!
Zum Symbol „Abraham" für den Dialog von Juden, Christen und Muslimen

Karl-Josef Kuschel

Schon in unserem alltäglichen Leben kommen wir nicht ohne Symbole aus. Wer in einem internationalen Flughafen sein „Gate" finden will, sieht sich vom Betreten des Flughafens an durch zahlreiche Symbole geleitet, die angesichts eines internationalen Publikums auch universal verstehbar sein müssen: Symbole für die verschiedenen Fluggesellschaften, für An- und Abflüge, für Ruhe- und Restaurationszonen, für Toiletten und Servicestätten, für medizinische oder spirituelle Versorgung.

Schon in unserer Lebenswelt also leiten symbolische Zeichen unser Leben, geben die nötige Orientierung und ein Gefühl für Sicherheit. Sie sind nicht die Wirklichkeit selbst, sie verweisen „nur". Was umgekehrt heißt: Wir Menschen müssen Symbolen vertrauen, dass sie uns nicht in die Irre führen. Symbole sind somit schon in unserer empirischen Lebenswelt Zeichen, die von sich wegweisen, bis die Geleiteten das Bezeichnete sehen, begreifen, sinnlich erfahren können. Am „Gate" angekommen, brauchen wir das Symbol für „Abflug" nicht mehr. Kurz: Symbole sind Zeichen des Weltvertrauens.

Umso mehr gilt dies bei Aussagen über eine Wirklichkeit jenseits von Raum und Zeit, über eine transempirische Wirklichkeit also, in religiöser Sprache: über die Wirklichkeit des „Göttlichen". Bis heute Gültiges dazu hat Immanuel Kant in seiner *Kritik der reinen Vernunft* niedergelegt. In diesem philosophischen Schlüsselwerk, erstmals 1781 erschienen, geht es um eine kritische Analyse der Reichweite und Zuständigkeit und damit der Möglichkeiten und Grenzen der „reinen", der menschlichen „Vernunft". Was können wir Menschen mit Hilfe unserer Vernunft erkennen und was nicht?

In bestechender Klarheit zeigt Kant unter anderem: Verlässliche, zwingend beweiskräftige Aussagen von uns Menschen jenseits des in Raum und Zeit empirisch Erfahrbaren sind der menschlichen Vernunft prinzipiell unmöglich. Unsere Vernunft reicht nicht in einen Bereich „jenseits" von Raum und Zeit. Erkenntniskritisch sind somit der „reinen Vernunft" unübersteigbare Grenzen gesetzt, wenn es um Aussagen über eine transzendente, d.h. den Erfahrungsbereich von Raum und Zeit überschreitende Wirklichkeit geht. Die Vernunft kann darüber keine Aussagen treffen, weder positiv-bejahend noch negativ-verneinend.

Aussagen über diese transempirische Wirklichkeit sind folglich nur in Form von Bildern, Metaphern, Symbolen möglich. Woraus folgt, dass religiöse Sprache, insofern sie nicht subjektive religiöse Erfahrungen beschreibt, sondern Aussagen über „Gott" macht, grundsätzlich eine Symbolsprache ist und sein muss. Wer zum Beispiel vom Tod als Begegnung „mit Gott", vom Treten „vor Gott" oder von Gottes Beziehung zu uns Menschen spricht, von Gottes „Auftrag" oder „Erwählung", von Gottes „Offenbarung" oder Gesetz, benutzt eine anthropomorphe Symbolsprache. Denn die Erkenntniskritik Kants bleibt gültig: Kein Mensch verfügt über bewiesene Informationen hinsichtlich einer transzendenten Wirklichkeit „Gottes".

Auch die Sterbeforschung konnte sie nicht liefern. Ihre Nahtod-Erlebnisse beruhen auf Erfahrungen von wieder zu Bewusstsein gekommenen Sterbenden, nicht von Toten. Insofern bleiben alle genuin religiösen Aussagen mit dem Risiko des Getäuschtseins behaftet. Sie sind – als Symbolsprache – auf Vertrauen, auf volles Risiko gesprochen. Allein dieses Risiko aber macht den religiösen Glauben erst zum Glauben.

Die historisch gewachsenen, institutionalisierten und verrechtlichten Religionen aber sind stets in Gefahr, die Symbol- und damit Vertrauensstruktur ihrer Sprache zu ignorie-

Das (angebliche) Abraham-Haus in der Stadt Ur, Dhi Qar, Südirak (wikimedia)

ren, zu verdrängen oder zu verletzen. Sie tun dann so, als verfügten sie über gesichertes „Wissen" über „das Göttliche", als hätten sie den „Unverfügbaren" erkannt, könnten sich seiner „sicher" sein, als könnten sie „in seinem Namen" handeln, herrschen, anordnen, loben oder verurteilen. Sie greifen sprachlich zu, bemächtigen sich „Gottes" und verzwecken, verdinglichen auf diese Weise das, was das „Geheimnis" der Wirklichkeit schlechthin ist und bleiben muss, soll Gott noch „Gott" bleiben und nicht der Privatgötze menschlicher Bedürfnisse und Interessen werden.

Ich erinnere an ein kühnes, selbstkritisches Wort des altgewordenen Martin Buber. Nachdem er ein Leben lang in großen Studien und durch eine einzigartige „Verdeutschung" der gesamten Hebräischen Bibel dem Geheimnis des „Ewigen Du" nachgespürt hat, hat er 1964, ein Jahr vor seinem Tod, diesen Text als „Fragmente über Offenbarung" als sein Vermächtnis hinterlassen, Buber schreibt:

Die geschichtlichen Religionen haben die Tendenz, Selbstzweck zu werden und sich gleichsam an Gottes Stelle zu setzen, und in der Tat ist nichts so geeignet, dem Menschen das Angesicht Gottes zu verdecken, wie eine Religion. Die Religionen müssen zu Gott und zu seinem Willen demütig werden; jede muss erkennen, dass sie nur eine der Gestalten ist, in denen sich die menschliche Verarbeitung der göttlichen Botschaft darstellt, – dass sie kein Monopol auf Gott hat; jede muss darauf verzichten, das Haus Gottes auf Erden zu sein, und sich damit begnügen, ein Haus der Menschen zu sein, die in der gleichen Absicht Gott zugewandt sind, ein Haus mit Fenstern; jede muss ihre falsche exklusive Haltung aufgeben und die rechte annehmen. Und noch etwas ist not: die Religionen müssen mit aller Kraft darauf horchen, was Gottes Wille für diese Stunde ist, sie müssen von der Offenbarung aus die aktuellen Probleme zu bewältigen suchen, die der Widerspruch zwischen dem Willen Gottes und der gegenwärtigen Wirklichkeit der Welt ihnen stellt. Dann werden sie, wie in der gemeinsamen Erwartung der Erlösung, so in der Sorge um die noch unerlöste Welt von heute verbunden sein. Buber, 1966, S. 111 f.

Umgekehrt gehört es zu den Urerfahrungen religiös orientierter Menschen: Wer sich dem „Ewigen Du" in Gebet oder Schweigen zu öffnen weiß, lernt die Kunst loszulassen, was einem vertraut ist, und preiszugeben, was zu festen Besitzständen zu gehören scheint; lernt, alles Irdische und Menschengemachte in der Welt institutionalisierter und verrechtlichter Religionen immer wieder neu zu relativieren vor dem je größeren, unbegreiflichen, unverfügbaren Geheimnis des Göttlichen; lernt „Demut" im besten Sinn des Wortes; lernt sprechen vom Göttlichen nicht auf Besitz, sondern auf Vertrauen hin.

Jemand, der in den monotheistischen Religionen für ein geprüftes, bewährtes Vertrauen auf den je größeren, unverfügbaren Gott steht, ist die Gestalt Abrahams. Viel habe ich gerade über seine Bedeutung für Juden, Christen und Muslime als Urvater ihres Glaubens nachgedacht (vgl. Kuschel, 2001, 2018).

Dieser Mann ist in der Religionsgeschichte der Menschheit der Urwanderer aus biblischer Überlieferung, die Gegenfigur zu den großen Wanderern der antiken Kultur: Odysseus und Sisyphos. Denn Bibel und Koran bezeugen gleichermaßen: Glauben wie Abraham heißt, den Verheißungen Gottes vertrauen, die menschlich „unmöglich" zu sein scheinen; heißt, auf einen Ruf Gottes hin aufbrechen, sich auf einen Weg machen, aus welcher religiösen Tradition auch immer.

Die Quelle dieser Kraft sind wir Menschen nicht selbst. Man muss sich ihr voraussetzungslos öffnen, damit sie wirken kann. Öffnen bedeutet Aufbrüche wagen, einen anderen Weg versuchen. Und dieser Weg führt in die Tiefe des Ursprungs, dem sich Juden, Christen und Muslime verdanken: Gott selbst als das unaussprechliche Geheimnis der menschlichen Existenz. Für mich, der ich von den biblisch-koranischen Abraham-Überlieferungen eine Theologie der abrahamischen Ökumene von Juden, Christen und Muslimen entworfen habe, war es bewegend zu sehen, dass der gegenwärtige Papst, Franziskus, während seiner Pilgerreise in den Irak am 6. März 2021 auch in die Ebene von Ur gefahren ist, von wo nach biblischer Überlieferung (Gen 11, 28-31) Abraham aufgebrochen ist, Ursprungsort des Ur-Mannes, wie Thomas Mann ihn in seinem Roman *Joseph und seine Brüder* nannte.

Die Luftbilder von der Landschaft, die man anlässlich des Papstbesuches sehen konnte, waren überwältigend. Sie zeigten die Leere der Wüste, zeigten buchstäblich eine Ur-Landschaft. Am Ort selbst eine paar ausgegrabene Spuren von Leben, das es einst in diesem „Ur in Chaldäa" gegeben haben mag. Mehr nicht. Aus dieser Landschaft also stammt Abraham, und er bricht auf mit nichts als Gottvertrauen, mit leeren Händen angesichts ausbleibender Verheißungen, mit Durchhaltevermögen auf seinem Weg.

Abraham zieht nach Kanaan. Aquarell von James Tissot (1836-1902) (wikimedia)

In diese Ur-Landschaft setzte der Papst seine Meditation über Abraham, der im Koran Ibrahim heißt, um das Ganze in ein Friedensgebet der „Kinder Abrahams" einmünden zu lassen. Es ist, als wolle Franziskus nach Jahrtausenden, beladen mit der Last der Geschichte, mit all den Konflikten und Kämpfen, die sich tief in das kollektive Gedächtnis der Menschen in den Religionen eingegraben haben, wieder neu anfangen, bei Abraham, dem Urvater, der von Gott den Ruf empfing: „Zieh weg aus deinem Land, von deiner Verwandtschaft und aus deinem Vaterhaus in das Land, das ich dir zeigen werde ... Und Abraham zog ..." (Gen 12, 1 und 4).

Im Zentrum des Bildes die Ibrahim-Moschee in Hebron (wikimedia)

„Wir, die Söhne und Töchter Abrahams", so beginnt das Gebet zum Schöpfergott, nicht besitzergreifend, sondern ganz und gar demütig, wir, „die dem Judentum, dem Christentum und dem Islam angehören, danken Dir zusammen mit anderen Gläubigen und allen Menschen guten Willens, dass Du uns Abraham, einen berühmten Sohn dieses edlen und geschätzten Landes, als gemeinsamen Vater im Glauben geschenkt hast."

„Wir danken Dir, Gott", heißt es weiter, gesprochen in die Leere der Wüste und über die Weltmedien in die Herzen und Gewissen von uns Zuschauer*innen, wir danken „für das Beispiel an Mut, Durchhaltevermögen, Seelenstärke, Großzügigkeit und Gastfreundschaft, das uns unser gemeinsamer Vater im Glauben gegeben hat." Das war, an diesem Ort der Ur-Anfänge gesprochen, bewegend und inspirierend zugleich.

Aus dem unverfügbaren göttlichen Ursprung heraus das Gemeinsame der abrahamischen Religionen im Interesse des Friedens suchen, das ist die Botschaft. Unsere Welt hat nichts dringender nötig als das.

In diesem Geist wären angesichts der Weltlage auch andere Orte der Abraham-Erinnerung zu schaffen. Darauf haben die Friedenspreisträger des Deutschen Buchhandels, die Kulturwissenschaftler Aleida und Jan Assmann, in ihrer Frankfurter Friedenspreisrede 2018 hingewiesen und dabei konkret auf Hebron verwiesen, den Ort im Westjordanland, in dem – ebenfalls der biblischen der Überlieferung

nach – Abraham und seine Frau Sara ihre Grabstätte gefunden haben (Gen 23, 19; 25, 7-10). Der Anfang in Ur, das Ende in Hebron.

Heute erhebt sich über der einstigen, in der Hebräischen Bibel bezeugten „Höhle von Machpela" im Zentrum der Stadt die Ibrahim-Moschee, ein gigantischer Bau, den König Herodes vor 2000 Jahren hatte errichten lassen. Mit der Islamisierung im 7. Jahrhundert war er zur Moschee geworden. Im 12. Jahrhundert hatte er den christlichen Kreuzfahrern als Kathedrale gedient, bis er nach der Rückeroberung durch Sultan Saladin wieder zur Moschee geworden war.

Heute, angesichts des ungelösten Konfliktes zwischen Israelis und Palästinensern im Westjordanland, kommt es gerade in Hebron zu Spannungen, teils mit tödlichem Ausgang. Bis an die Zähne bewaffnet stehen sich am Grabe Abrahams und Saras die Kinder Abrahams und Saras gegenüber.

Mit diesem Wissen wagen die beiden Kulturwissenschaftler in ihrer Friedenspreisrede 2018, gehalten in der Frankfurter Paulskirche, den Vorschlag:

Die Altstadt von Hebron hat also eine jüdische, christliche und islamische Geschichte, die im kulturellen Gedächtnis der drei Monotheismen gleichermaßen präsent, heilig und lebendig ist, weil sich alle auf Abraham als ihren Stammvater beziehen. Als palästinensisch-israelisches Weltkulturerbe könnte sich die Altstadt von Hebron von einem Ort der Gewalt und des Terrors in einen Ort der Annäherung, der Kooperation und des Friedens verwandeln ... Hier kommt uns auch noch der Ortsname zu Hilfe. ‚Hebron' heißt auf Hebräisch ‚Chevron', das kommt von Chaver, Freund, und bezieht sich auf Abraham als Freund Gottes. Der arabische Name ‚Al-Chalil' heißt ebenfalls Freund (und bezieht sich auf Abraham). Hebron heißt also nichts anderes als ‚Stadt des Freundes'.

(Die Friedenspreisrede 2018 von Jan und Aleida Assmann ist durch den Börsenverein des Deutschen Buchhandels im Internet dokumentiert.)

Tödliche Konflikte aber zwischen Angehörigen verschiedener Religionen sind immer auch Ausdruck einer Rede von Gott, bei der das „Göttliche" zum jeweiligen Besitztum wurde, zur Waffe, zum Wahrheits-Anspruch auf Kosten aller Andersglaubenden. Nach der Devise: „Du glaubst an deinen Gott, ich an den wahren."

Man hat dabei vergessen, dass religiöse Sprache Symbol- und nicht Besitzsprache ist. Wer aber mit seiner Sprache über den „Unverfügbaren" verfügen zu können glaubt, vergreift sich an diesem. Und es gibt eine Form religiöser Schamlosigkeit, die vor allem sich selbst und die eigenen Machtinteressen „vergöttlicht" und nicht „Gott" selber die Ehre gibt. Die „Freundschaft zu Gott" aber, die Abraham vorgelebt hat, ist das Gegenteil von Verfügung über „Gott", von Verzweckung Gottes. Sie verwechselt nicht Gottesherrschaft über unser Leben mit Herrschaft im Namen Gottes über das Leben anderer.

Wenn man folglich in der Welt der Religionen die Differenz zwischen Symbol- und Besitzsprache ignoriert, wird „Gott", um noch einmal ein Wort von Martin Buber aufzunehmen, in der Tat

[...] das beladenste aller Menschenworte. Keins ist so besudelt, so zerfetzt worden. Gerade deshalb darf ich darauf nicht verzichten. Die Geschlechter der Menschen haben die Last ihres geängstigten Lebens auf dieses Wort gewälzt und es zu Boden gedrückt; es liegt im Staub und trägt ihrer aller Last. Die Geschlechter der Menschen mit ihren Religionsparteiungen haben das Wort zerrissen; sie haben dafür getötet und sind dafür gestorben; es trägt ihrer aller Fingerspur und ihrer aller Blut. Wo fände ich ein Wort, das ihm gliche, um das Höchste zu bezeichnen! Nähme ich den reinsten, funkelndsten Begriff aus der innersten Schatzkammer der Philosophen, ich könnte darin doch nur ein unverbindliches Gedankenbild einfangen, nicht aber die Gegenwart dessen, den ich meine, dessen, den die Geschlechter der Menschen mit ihrem ungeheuren Leben und Sterben verehrt und erniedrigt haben. Ihn meine ich, ja, ihn, den die höllengepeinigten, himmelsstürmenden Geschlechter des Menschen meinen. Gewiss, sie zeichnen Fratzen und schreiben „Gott" darunter; sie morden einander und sagen „im Namen Gottes."

Buber, 1978, S. 68 f.

Literatur

Buber, M. (1966). *Nachlese*. Heidelberg.

Buber, M. (1978). *Begegnung*. Heidelberg.

Kuschel, K.-J. (2001). *Streit um Abraham. Was Juden, Christen und Muslime trennt – und was sie eint*. Stuttgart-Ostfildern: Patmos.

Kuschel, K.-J. (2015). *Martin Buber – seine Herausforderung an das Christentum*. Gütersloh.

Kuschel, K.-J. (2018). *Dass wir alle Kinder Abrahams sind …'. Helmut Schmidt begegnet Anwar as-Sadat*. Stuttgart-Ostfildern: Patmos.

Karl-Josef Kuschel
Karl-Josef Kuschel, Professor em. der Fakultät für Katholische Theologie der Universität Tübingen, lehrte dort von 1995 bis 2013 Theologie der Kultur und des interreligiösen Dialogs. Seit 2012 ist er Kuratoriumsmitglied der „Stiftung Weltethos". Zahlreiche Veröffentlichungen zum interreligiösen Dialog und zu Religion und Literatur.

Die Kraft des Schöpferischen
bleibt geheimnisvoll

Die Kraft des Schöpferischen
kann nicht genannt werden.
Sie bleibt letzten Endes geheimnisvoll.

Doch ist es kein Geheimnis,
was uns nicht grundlegend erschütterte.
Wir sind selbst geladen von dieser Kraft
bis in unsere feinsten Teile.

Wir können ihr Wesen nicht aussprechen,
aber wir können dem Quell entgegen gehen,
so weit wie es eben geht.

Paul Klee,
Das bildnerische Denken, 1964, S. 17

Kunst – zwischen Deuten und Erleben

Matthias Gabriel

Im Alltagsleben wie in Wissenschaft und Kunst bewegen wir uns fortwährend in Räumen von Wörtern, Symbolen und Bildern. Deutungsmuster aus Zeichen schieben sich unablässig zwischen das Subjekt und die von ihm erfahrene Wirklichkeit, um ein komplexes Spannungsverhältnis zu erzeugen. Dieses lässt sich beschreiben als ein energiegeladenes „semiotisches" Dreieck, dessen Komponenten aus einem Zeichenträger, einem Referenten in der empirischen Welt (Bezeichnung) und schließlich einer Bedeutung, dem geistigen Anteil des Zeichens, bestehen.

Ein besonderes Zeichen ist das Symbol, welches in der Kunst eine herausragende Rolle spielt. Es trägt Bedeutung im Überschuss, so dass eine Deutung diese nicht vollständig und eindeutig in Sprache zu überführen vermag. Dadurch können sich konkrete und alltägliche Zeichenträger in Symbole verwandeln für Immaterielles, für einen tieferen und abstrakten Sinn, so wie es Goethe in seinen Maximen und Reflexionen ausgedrückt hat:

Das ist die wahre Symbolik, wo das Besondere das Allgemeine repräsentiert, nicht als Traum und Schatten, sondern als lebendig-augenblickliche Offenbarung des Unerforschlichen.

Symbolische und nicht-symbolische Kunst
Der Kunstschaffende beginnt in seiner lebendigen Praxis wie alle menschliche Tätigkeit unausweichlich im Kräftefeld des semiotischen Dreiecks. Seit den Anfängen in den Zeiten des Paläolithikums teilen sich die Zeugnisse der Kunstgeschichte auf in mimetische Abbilder einerseits und symbolische Darstellungen andererseits.

Es liegt daher nahe, dass dem Künstler grundsätzlich zwei Möglichkeiten zur Wahl stehen. Entweder bewegt sich sein Werk sukzessiv der Wahrnehmungswelt entgegen, will ihr zunehmend ähnlicher werden durch Abstreifen aller Bedeutung, oder seine Schöpfung entfernt sich von der Natur, indem sie alles Referentielle auf Sichtbares hinter sich lässt und immer mehr mit Inhalt und Bedeutung auflädt.

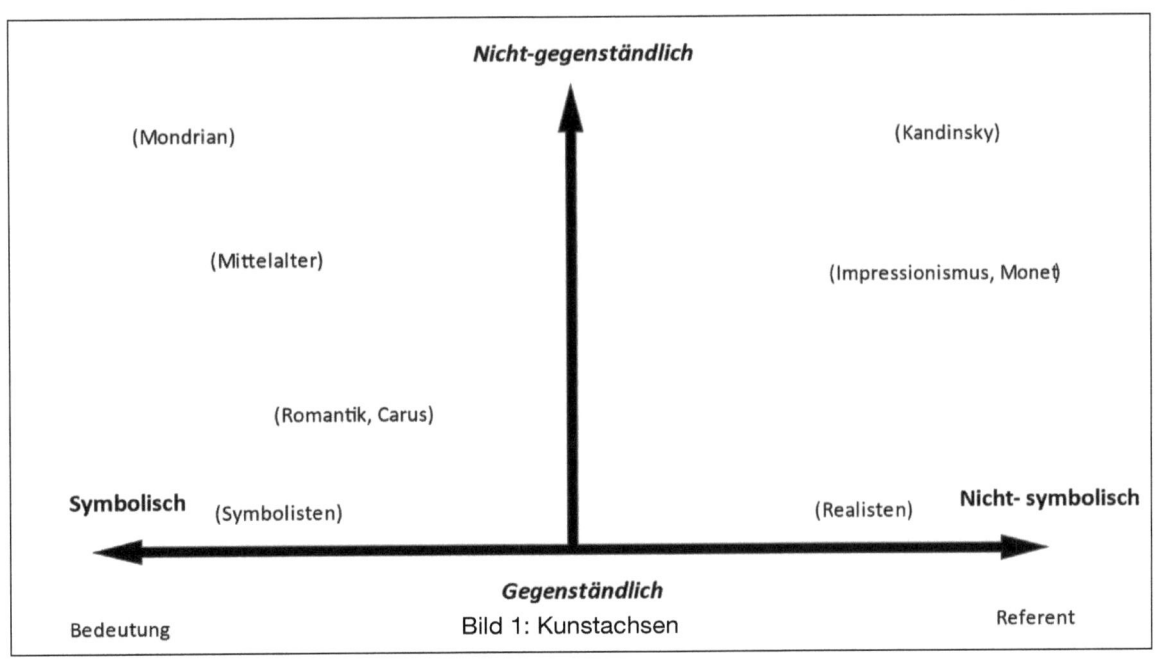

Bild 1: Kunstachsen

Bild 2: Psalter der Blanka von Kastilien, um 1230 (wikimedia)

der (Neu-)Platonischen Ideenlehre übernommen hat. In den bildlichen Darstellungen dieser Jahrhunderte spielt daher eine Orientierung auf eine Ähnlichkeit mit der konkreten, wahrnehmbaren Natur keine Rolle. Ein solches Bild bevorzugt allein die harmonische Anordnung in der Fläche. Statt räumlicher Perspektive herrscht eine Bedeutungsperspektive. Die Darstellung der Personen ist von unterschiedlicher Größe je nach Rangordnung in der religiösen Hierarchie und ohne individuelle Charakteristik. Auch die Farbgebung ist nicht natürlicher, sondern symbolischer Art. So hebt der leuchtende Goldgrund die Bilder in Sphären jenseits der irdischen Wirklichkeit. Über das einzeln Wahrnehmbare und Vergängliche hinaus wird der Blick in Richtung einer geistigen Totalität des unvergänglich Wahren, Schönen und Guten gelenkt. Auf diese übersinnliche Welt des Universal-Intelligiblen will die Kunst deuten, um den Menschen an das Göttliche heranzuführen.

Diese gegenläufigen Prozesse spiegeln die Ur-Gesten des Menschen wider, das Greifen als Be-Greifen (und Er-Griffensein) in der direkten und unmittelbaren Erfahrung und das Deuten als Hin-Deuten vom mehr oder weniger sicheren Abstand heraus. Im Folgenden wollen wir Künstler begleiten, welche die symbolische Richtung auf der Suche nach Wahrheit und Wesensschau eingeschlagen, und andere, die nach Wirklichkeit und Unvermitteltheit strebend, sich dem nicht-symbolischen Schaffen gewidmet haben.

Die Kunst des Mittelalters

Die Kunst des Mittelalters, wie hier das Beispiel einer Buchillustration aus dem 13. Jahrhundert (Bild 2), zeigt anschaulich den symbolischen Weg des Kunstwerks, der von den sinnlichen Merkmalen der Erscheinungen der irdischen Welt zu einer geistigen, vollkommenen Dimension führen will.

In dieser Zweiteilung der Wirklichkeiten folgt die Bedeutungsstruktur der mittelalterlichen christlichen Kunst einer Tradition, die sie von

Die Kunst der Romantik

Als die geistigen Kräfte des abendländischen Menschen sich in der Neuzeit immer mehr auf die Natur richteten, um in den Wissenschaften deren objektive Gesetze zu erfassen, verlor die Betrachtung einer transzendenten geistigen Welt zunehmend an Bedeutung, und auch in der Kunst wurde das Deuten auf ein Reich der jenseitigen Ideen ersetzt durch den Verweis auf diesseitige Ideale.

In dieser Situation etablierte sich die Romantik als eine Gegenbewegung. Der objektive Kosmos, den die Naturwissenschaften bearbeiteten, konnte für die romantischen Künstler nicht die einzige Wirklichkeit bleiben. Nach ihrer Auffassung verhüllt sich die andere, nächtliche Seite der Existenz im Schleier eines Geheimnisses.

Alles, was man zu erkennen vermag, sind nur „Hieroglyphen des Seins", die die Wahrheit verschlüsseln. Sie stehen geschrieben im Buch der Natur, in der Vielfalt der Strukturen der Vegetation, im Vogelflug, in Steinen, Bodenformationen und Wolken. Die Lesbarkeit dieser Zeichen ist aber verloren gegangen, und nur die Kunst kann den Zugang zur transzendenten Welt wieder eröffnen, indem sie die natürlichen Chiffren und Symbole auf ihre Weise deutet.

Dass die Bedeutungswelt, auf welche die symbolische Kunst zeigen wollte, von intelligibel-geistiger Natur war, im Gegensatz zur natürlichen empirischen Welt, daran hatte es über die Jahrhunderte ausgehend von Platon keinen Zweifel gegeben. Zwar wollten die Romantiker ebenfalls das äußerlich Sichtbare überschreiten, doch begannen sie die andere Welt ausdrücklich im inneren, unbekannten Teil des Menschen zu suchen. Dort trafen sie aber jetzt nicht mehr auf das Reich des Geistig-Intelligiblen, sondern auf die Welt des Irrationalen, Emotionalen und Triebhaften. Der Romantiker Carl Gustav Carus, von dem das Bild Nr. 3 stammt, hat denn auch als erster ausdrücklich vom Unbewussten gesprochen.

Damals begann die Hinwendung zur unbewussten Seite der Psyche, deren kreative Gestaltung und Erforschung den Ausgangspunkt für künstlerische Impulse bildeten, die sich über den Symbolismus, Surrealismus und viele andere Strömungen bis heute in diesem Deutungsrahmen bewegen. Die Psychoanalyse und besonders die Analytische Psychologie hat vielen dieser Künstler theoretische Hilfestellungen geleistet, andererseits ihre Werke und Gestaltungen als Symbole bearbeitet, um zu Deutungen über individuell und kollektiv unbewusste Strukturen zu gelangen.

Mondrian

Der Weg zur rein geistigen Welt der Bedeutung, der sich am weitesten von der Referenz auf die empirische Welt entfernte und in die idealistische Richtung der abstrakten Kunst führte, wurde zu Beginn des 20. Jahrhunderts von Piet Mondrian und seinen Mitstreitern konsequent und radikal beschritten. Aus der stetig sich verändernden, chaotisch-vielfältigen Natur versuchten sie das Bleibende, die zugrunde liegende universale Struktur, herauszulösen. Sie tilgten alles Subjektive, Zufällige, Naturnahe aus dem Bild, so dass nur noch allgemein gültige Harmonieverhältnisse übrig-

Bild 3: Carl Gustav Carus, Blühende Holunderhecke, 1823, LWL Museum Münster (wikimedia)

blieben. Die Farben wurden auf die elementaren Grundfarben heruntergebrochen und alle Mischungen verbannt. Mit der Reinigung der Farben verband sich die Reduzierung der Linien auf ein Gefüge von entgegengesetzten „Urlinien". Diese vereinigten sich in den senkrechten und waagrechten Koordinatenachsen des Kreuzes, welches zur archetypischen Grundlage der Bildgestaltung in dieser Kunstrichtung wurde. In der Kreuzung der Linien sollten sich über die ästhetische Gestaltung die universalen kosmischen Gegensätze und ihre Vereinigung ausdrücken. Mit diesem Suchen nach einer die Erscheinung der Dinge durchdringenden Wesensschau eroberte sich die Kunst wieder einen sakralen Raum des Absoluten und Vollkommenen.

Die Reinigung von allem Natürlichen und Materiellen dehnte sich auch auf die Materialität und Sichtbarkeit des Bildes selbst aus, dessen dinglicher Bezug und Gegenständlichkeit sich in der reinen Bedeutung verlor, bis nur noch Geistiges auf Geistiges verwies. Dies bedeutete die Zerstörung dessen, was in der

Bild 4: Piet Mondrian, Komposition in Weiß,
Rot und Blau, 1936, Staatsgalerie Stuttgart.

Tradition als Bild galt. Dadurch war aber auch der Weg frei, die Grenzen der Kunst selbst zu sprengen, indem nach dem Willen dieser Kunstrichtung der Prozess der schöpferischen Vergeistigung auf die gesamte Umwelt und schließlich auf die Natur selbst übergreifen sollte.

Der Einfluss von Mondrian und der mit ihm geistesverwandten Künstler zeigt sich bis heute in den Bildern der formalen Moderne, z.B. im Minimalismus. Ihnen folgten auch die Konzeptkünstler, die ihre mentalen Vorstellungen und Gedanken für die Bedeutung eines Kunstwerks als vorrangig gegenüber dessen Realisierung erachten und sich einsetzen für ein Ziel der „Entmaterialisierung" des Kunstwerks.

Realisten und Impressionisten

Im Gegensatz zur symbolischen Kunst nähert sich in der nicht-symbolischen Richtung das schöpferische Werk immer mehr der Sinnenwelt an, versucht sich ihr anzugleichen und die Bedeutungsdimension abzulegen. Bereits die Realisten des 19. Jahrhunderts verwahrten sich gegen alle idealistischen Bild-Ideen. Sie wollten die Wirklichkeit im Hier und Jetzt

so unbeschönigt und unbedingt wie möglich wiedergeben, statt sie auf etwas Geistiges hin zu deuten. Jeder Gegenstand der Welt hatte die gleiche Würde, dargestellt zu werden, eine Wiedergabe von Fantasien, Träumen und Imaginationen lehnten sie dagegen ab.

Ihnen folgten die Impressionisten, welche diesen Grundsatz auch auf den zwischengegenständlichen Bereich von Raum, Atmosphäre und Licht ausdehnten. Indem sie nur das gelten ließen, was der Wahrnehmung unmittelbar und ohne Lenkung durch Kognitionen gegeben ist, verwandelte sich entscheidend der mimetische Impuls. Aus der Annäherung an die Natur wurde die Nähe zur Erscheinung der Natur. Die Subjektivität des phänomenalen Bewusstseins und eine neue Auffassung von Wirklichkeit schafften sich mit den Impressionisten Raum in der Kunst. Es ging nun nicht mehr um die objektive Darstellung der Umwelt, sondern darum, wie der Betrachter diese sieht, wie sie ihm frei von Gewohnheiten, Konventionen und angelernten synthetischen mentalen Leistungen erscheint. Bei dem Maler Claude Monet kann man anschaulich beobachten, wie in seinen Werken zunehmend die festen Grenzen der Gegenstände verschwimmen, bis sich die Formen auflösen in ein farbiges „wirres" Gewebe von Strichen und Flecken. Von der Welt bleibt nicht mehr als ein Eindruck, eine „Impression" übrig, ein anfängliches, ursprüngliches Bild von größtmöglicher Unmittelbarkeit.

Kandinsky

Man kann Kandinsky als konsequentesten Vertreter dieser Richtung ansehen. „Ich kürzte das Ausdrucksvolle durch Ausdruckslosigkeit ab." Mit dieser Auffassung distanzierte sich Kandinsky von allen herkömmlichen Kunstideen und leitete einen Reduktionsprozess ein, welcher den Abbau und die Zerstörung der Symbolik und des Zeichencharakters des Bildes bedeutete. Am Ende dieser Entwicklung hatte das Kunstwerk nicht nur alle Bedeutung abgestreift und sich von allen Inhalten und Deutungsmöglichkeiten befreit, sondern war auch ganz mit dem Referenten verschmolzen. Das Bild war selbst das Bezeichnete geworden, es verwies nur noch auf sich selbst.

Kandinskys Ablehnung jeglichen Vorauswissens, seine Zurückweisung konventionell festgelegter Wahrnehmungsschemata, welche die Kategorien von Raum, Zeit und Kausalität konstituieren, setzte die Bestrebungen der Impressionisten fort, die Unschuld des Auges wiederzugewinnen und das Kunstwerk im Einfachen, Elementaren, Spontanen und Ungekünstelten zu verwurzeln. Nur wesentlich radikaler als diese führte ihn diese Haltung zur Entgegenständlichung seiner Bilder. Was bleibt übrig, wenn alle Bedeutung und alle Gegenständlichkeit, die noch eine Deutungsdimension zurückgelassen hätten, verschwunden sind? In der Reduktion auf das Phänomen enthüllt sich das „Ding" als mentale Konstruktion. Ein Gegenstand wird vom Bewusstsein aus der Pluralität und dem Zusammenhang der Erscheinungen herauspräpariert nach den Maßstäben seiner Kategorien. Der Verzicht auf diese Konstruktion von Gegenständlichkeit lässt ein farbiges Kontinuum entstehen, in dem alles mit allem zusammenhängt. Das Bild ist nicht mehr Abbild der Erscheinungen, sondern ist in seiner sinnlich-materiellen Farblichkeit und Linienhaftigkeit selbst das Phänomen.

Von Kandinsky aus tendiert diese Kunstrichtung immer mehr dazu, dem Bild als einer

Bild 6: Wassily Kandinsky, Motiv aus „Improvisation 25", 1911, Staatsgalerie Stuttgart.

eigenmächtigen Wirklichkeit zur Existenz zu verhelfen. Diese Wirklichkeit wird als eine höhere angesehen, die sich in ihrer Ursprünglichkeit und Spontaneität als reine Lebendigkeit offenbaren soll. Für Kandinsky ist sie von geistiger Natur, die sich in der sinnlichen Materie verkündet: „Die Welt klingt. Sie ist ein Kosmos der geistig wirkenden Wesen. So ist die tote Materie lebender Geist." Hinter dem Erscheinen aller Dinge, nicht nur den vom Künstler präsentierten Farben und Linien, offenbart sich als Kern das unsichtbare Leben, welches diesen inneren Klang ausmacht.

Die moderne Kunst, die über den nicht-symbolischen Weg dieses lebendige Zentrum als die eigene subjektive Wirklichkeit in der Identität selbst erfahren und erleben lassen will und für dieses Ziel Symbolzerstörung und Aufhebung der vertrauten Kategorien von Raum und Zeit in Kauf nimmt, ist zunächst auf intensive Ablehnung gestoßen. Dieses Un-

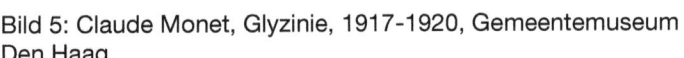

Bild 5: Claude Monet, Glyzinie, 1917-1920, Gemeentemuseum Den Haag.

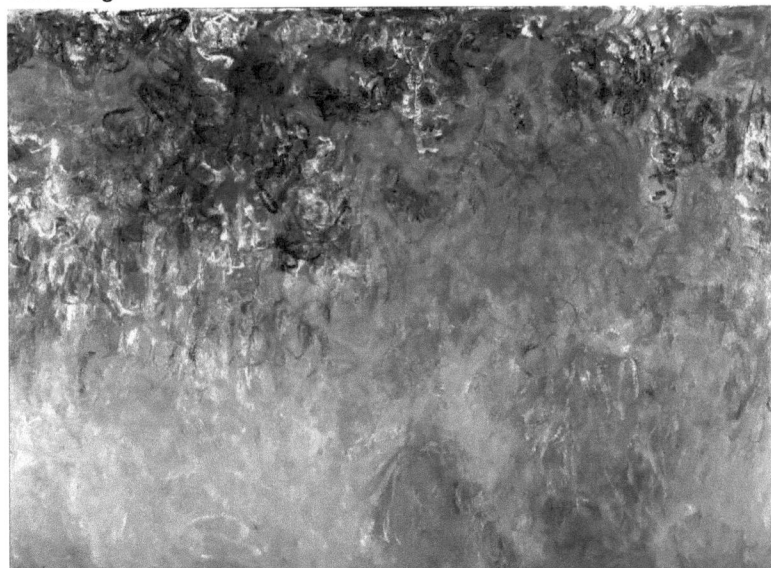

verständnis galt nicht nur den ersten Arbeiten Kandinskys, sondern setzt sich bis heute fort gegenüber gegenstandslosen Bildern von Jackson Pollock, Mark Rothko, gegenüber den Werken der abstrakten Expressionisten und vielen anderen Vertretern dieser Tradition.

Hinter den negativen Reaktionen stand zu Beginn, als die Virulenz dieser Werke noch nicht durch einen kommerzialisierten Kunstmarkt abgeschwächt worden war, auch die Angst vor dem Bruch der Konventionen, der gesellschaftlichen Ordnung und der Stabilität der sie tragenden Persönlichkeiten. Diese Gefahren wurden besonders von C. G. Jung betont und als Bedrohung des Ich-Bewusstseins durch Überflutung oder „Inflation" durch unbewusste Inhalte diagnostiziert. Sein klinischer Blick ließ ihm nur die Möglichkeit, wie z. B. in seinem Aufsatz über Picasso, diese Künstler in die „schizophrene Gruppe" einzuordnen. Für den Psychiater Jung kam auch in der Kunst nur das Verbleiben im symbolischen Schema als Beziehung zwischen Zeichenträger und Bedeutung in Frage, um aus sicherer Entfernung auf das Unsichtbare jenseits des Alltagsbewusstsein zu verweisen.

Die Ambivalenz der Kunst

Es wurden zwei Wege beschrieben, welche der Künstler beschreiten kann. Eine symbolische Kunst, die auf Transzendentes deutet, und eine nicht-symbolische, die es erleben lassen will und sich mit ihm identisch fühlt. In beiden Richtungen geht es um den Versuch, aus dem dynamischen Kreislauf des semiotischen Dreiecks auszubrechen. Als Antriebskräfte wirken die Sehnsucht nach Unmittelbarkeit, nach Unvermitteltheit durch Zeichen und Medien, nach Unbedingtheit in Wahrheit und Wirklichkeit. Dadurch drückt sich der Wunsch aus, die Wissens- und Erfahrungsmöglichkeiten auszudehnen, die Lebendigkeit zu intensivieren und einen „Seinszuwachs" (Gadamer) zu erreichen.

Beide Wege haben seit Beginn des 20. Jahrhunderts eine konsequente Richtung eingeschlagen, die zu einer nicht-gegenständlichen Kunstform führte. Die Symbolkunst hatte sich mit Mondrian die Verwandlung der Welt in Kunst vorgenommen, und in der nicht-symbolischen Gegenrichtung reihten sich die Kunstwerke mit Kandinsky ein in eine unsichtbare Symphonie aller Dinge. Beide Wege führten damit schließlich aus der Kunst selbst heraus, indem sie sich als Ziel die Totalität des gesamten Kosmos setzten. Dieses Überschreiten macht deutlich, dass es sich bei den gegensätzlichen Polen um virtuelle und nie erreichbare radikale Endpunkte handelt. Alle Kunst zu allen Zeiten ist immer dazwischen positioniert und ihre Faszination beruht vielleicht daher, dass sie uns an dieser Ambivalenz teilnehmen lässt.

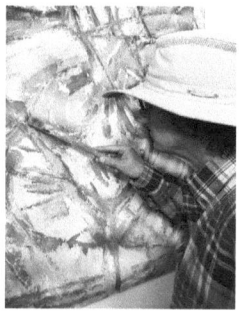

Matthias Gabriel
Dipl.-Psych. Dr. med. Facharzt für Innere Medizin und Psychotherapeut, betreibt seit vielen Jahren Malerei mit zahlreichen regionalen und überregionalen Gruppen- und Einzelausstellungen.

Licht in der Gruft
Über die spirituelle Bedeutung von Musik

Wilhelm Otto Deutsch

Wenn wir von der spirituellen Dimension der Musik reden, dann ist damit nicht ausschließlich die bei uns in der Regel von Renaissance bis Spätbarock reichende „geistliche Musik" gemeint – also Musik mit einem explizit religiösen Text oder doch einer eindeutigen Bezogenheit auf Kirche, wie die Orgelmusik. Musik als *solche* hat als ästhetische Dimension und Funktion des Menschseins spirituelle Qualität – und das nicht erst, seit Joachim E. Berendt diese für New Age entdeckt hat. Oder vor ihm, für ein anderes Zeitalter, Hermann Hesse:

> So begierig ich auf manchen anderen Wegen nach Erlösung, nach Vergessen und Befreiung suchte, so sehr ich nach Gott, nach Erkenntnis und Frieden dürstete, gefunden habe ich das alles nur in der Musik. Es brauchte nicht Beethoven oder Bach zu sein: Dass überhaupt Musik in der Welt ist, dass ein Mensch zuzeiten bis ins Herz von Tönen bewegt und von Harmonien durchflutet werden kann, das hat für mich immer einen tiefen Trost und eine Rechtfertigung allen Lebens bedeutet.

Die geradlinige Auswirkung der Musik auf uns – „Musik wirkt auf diejenigen Zentren des Nervensystems, die die physische und psychische Einstellung des Menschen regeln" (Suppan, 1984) – hat im Zeitalter der universellen Kommerzialisierung der menschlichen Stärken und Schwächen zu einer Instrumentalisierung der Musik im Interesse derer geführt, die etwas verkaufen oder menschliche Arbeitskraft optimal nutzen wollen.

Die funktionale Hintergrundmusik, uns allen aus Büros, Fahrstühlen, Warenhäusern, Supermärkten und schließlich aus dem Telefon vertraut, heißt im Fachjargon „Muzak". Sie nutzt schamlos die motivierende Kraft, die in der Musik steckt: Wenn Menschen sich wohl fühlen, leisten sie mehr und kaufen sie mehr.

Ein einziger großer Lobgesang

Dabei hatte die Musik ursprünglich mit dem Heiligen zu tun. Ihre Anfänge liegen im Dunkel der Vorgeschichte, sind aber wohl dem Kult zuzuordnen: den rhythmischen Bewegungen und ekstatischen Lauten zu kultischen Tänzen und Trancezuständen. Wahrscheinlich gehen solche Äußerungen als Kommunikationsweisen selbst noch der menschlichen Sprache voraus, vermuten Sprachforscher.

Musik als solche war schon vor dem Menschen da; man muss dafür gar nicht auf die verschiedenen, für uns unhörbaren Schwingungsverhältnisse im Universum zurückgreifen – wie es Pythagoras mit seiner Idee der „Sphärenharmonie" und im 20. Jahrhundert Joachim E. Berendt mit seinen „Erd- und Sonnentönen" versucht haben. Auch in Goethes *Faust* „tönt" die Sonne, statt zu scheinen. Die uns verwandte lebende Schöpfung hat schon gesungen, bevor es den Menschen überhaupt gab. Ist denn der Gesang der Buckelwale oder der Amsel, die auch nach unseren Maßstäben eindeutige melodische Muster erzeugen, etwa keine Musik?

Die Tatsache, dass Tiere vor den Menschen gesungen haben, hat den französischen Komponisten Olivier Messiaen dazu bewogen, seine Kompositionen mit Vogelstimmen (instrumentale Imitationen) anzureichern, und den amerikanischen Komponisten Paul Winter veranlasst, in seiner *Missa Gaia,* die er zum 800. Geburtstag des

Jungpaläolithische Flöte aus dem „Geißenklösterle", einer Höhle auf der Schwäbischen Alb, ca. 40000 Jahre alt, Replik. (wikimedia)

Franz von Assisi geschrieben hatte, den Menschen das Singen buchstäblich von den Tieren lernen zu lassen: Das Kyrie wird abgeleitet vom Heulen des Tundrawolfs und das Sanctus-Motiv aus dem Gesang der Buckelwale.

Schon die Menschen, die die hebräische Bibel verfasst und zusammengestellt haben, waren der Ansicht, dass die Schöpfung selbst singt und klingt. Nicht nur die Musikinstrumente (Psalm 150), sondern auch Berge und Hügel (Ps 65), Bäume (Ps 69) und Gestirne (Ps 148) sind am Lob Gottes beteiligt. „Die Himmel erzählen" und „ein Tag sagts dem andern", „ohne Sprache und Worte": „Ihr Schall geht aus in alle Lande" (Ps 19). Für Joachim Ernst Berendt ist das ganze Universum, das Leben insgesamt ein einziger großer „Lobgesang". Und unsere Musik ist ein Miteinschwingen in das Universum.

Den Trennungsschmerz revidieren

Musik greift in unsere Vorgeschichte, bringt uns in Verbindung mit unserem Ursprung – nicht nur im archaischen phylogenetischen Sinn, sondern auch ganz individuell; ontogenetisch, wie Sigmund Freund das nennen würde: Das Gefühl für den Rhythmus wird in den Wochen vor der Geburt erlauscht am Herzschlag der Mutter. Bevor wir sehen konnten, konnten wir hören. Und bevor wir sprechen konnten, konnten wir lallen, also singen („la-la-la-la"). Stotterer können ohne Problem Sätze, die sie nicht sprechen können, singen. Es ist nicht ganz von der Hand zu weisen, dass – wie Eugen Drewermann interpretiert – „uns Musik (wieder) in Verbindung mit dem Ort bringt, an dem wir geborgen waren, noch ehe wir das Licht der Welt erblickten".

Die ayurvedische Medizin sieht im gemeinsamen Singen „the most powerful tool of healing". Und Carl Gustav Jung entdeckte in der Musiktherapie, der er im Alter begegnete, ein außerordentliches psychotherapeutisches Potenzial und prophezeite ihr eine große Zukunft. Musik hilft uns, „den Trennungsschmerz zu revidieren, der dazugehört, aus der Nähe der Mutter verstoßen zu sein: immer voll Sehnsucht und manchmal voll Angst" (Eugen Drewermann).

In diesem Sinn hat Musikerleben immer auch eine regressive Tendenz: Wir hören und machen in der Regel gern und oft Musik, die

unserem Harmoniebedürfnis entspricht und die uns guttut.

„Wer singt, betet doppelt"

Die Musik stellt also die Verbindung zu unserem Ursprung wieder her, nicht nur in einem psycho-biologischen, sondern auch in einem spirituellen Sinn: „Wenn nicht die Musik, was sonst könnte uns ermutigen, den Garten Eden in uns wach werden zu lassen?", fragt der durch seine meditative Flötenmusik bekannt gewordene Hans-Jürgen Hufeisen. Und sie ist Vorgeschmack, Vorschein eines anderen Lebens: „Wir sind noch nicht im Festsaal angelangt, aber wir sehen schon die Lichter und hören die Musik", deutet der nicaraguanische Theologe Ernesto Cardenal die eschatologische Spannung der biblischen Botschaft, dass das Reich Gottes als Ende und Ziel der Geschichte zwar schon jetzt präsent, aber noch nicht erfüllt ist.

So liegt aller Musik eine Transzendierungstendenz inne: zurück, nach vorn, in die Tiefe. Sie bringt uns Menschen in Verbindung mit dem, woher wir kommen und wohin wir gehen, mit dem, was unseren Alltag überschreitet, zugleich aber ihn umfängt und trägt. Sie macht häufig genug den Alltag erträglich. Musik hat somit ekstatischen Charakter: In ihrem Erleben tritt der Mensch aus sich und seiner Einbindung in das Jetzt des Augenblicks heraus.

Im Pietismus des 18. Jahrhunderts war das gottesdienstliche Singen der Gemeinde ganz bewusst verstanden als Ich-Erweiterung und Gottes-Vergegenwärtigung: „Gott ist gegenwärtig" – im anbetenden Gesang der Gemeinde, war die Auffassung Gerhard Tersteegens. Und Tilman Moser, Pfarrerssohn und später als Psychotherapeut radikaler Dissident, hat das Singen im Gottesdienst erlebt als eine „gemeinsame Regression in einen viel selbst- und gottgewisseren Zustand, als er beim Predigen je zu erreichen ist". Der Kirchenvater Augustin klingt hier nach: „Wer singt, betet doppelt!"

Insgesamt hat der Protestantismus die Musik eher zwiespältig bewertet. Martin Luther hat zeit seines Lebens die Musik in und außerhalb des Gottesdienstes für ein großes Geschenk Gottes gehalten, vom Schöpfer der Welt eingestiftet, vom Geist zum Trost der Seelen benutzt: „Was findest du wirksamer als

Joseph Haydns *Schöpfung* wird zu Ehren und unter Beisein des Komponisten im Festsaal der alten Universität Wien am 27.03.1808 aufgeführt. Auch Ludwig van Beethoven befindet sich unter den Gästen. Es wird der letzte öffentliche Auftritt Haydns sein. (Bild wikimedia, Text BR Klassik)

die Musik, die Traurigen zu trösten, die Fröhlichen zu erschrecken, die Verzweifelnden zu ermutigen, die Überheblichen zu demütigen, die Leidenschaften zu beschwichtigen?" (Encomion musices, 1538). Hingegen standen die Reformierten im Gefolge Zwinglis der Musik im Gottesdienst eher skeptisch gegenüber – vielleicht aus Angst vor ästhetisch-rauschhafter Überwältigung (was ihre Sensibilität für die Macht der Musik sogar unterstreichen würde!), und die Einschränkung der Musik im reformierten Gottesdienst ist einhergegangen mit der allgemeinen puritanischen Unterdrückung der Sinnlichkeit.

Pfeifend in den dunklen Keller

Ernst Bloch, der Philosoph der Hoffnung, hat in der Musik vor allem die Vorwärtsüberschreitung gesehen, den „utopischen Existenzklang": „Musik ist die utopisch überschreitende Kunst schlechthin", sie tritt dem Tod in den Weg, ist „Licht in der Gruft", Ausdruck des großen Heimwehs des Menschen und zugleich Vorwegnahme seiner Ankunft in der Heimat, in der noch keiner von uns war und die doch allen in die Kindheit geschienen hat. Regelmäßig ist Bloch zu Tränen gerührt gewesen bei dem Trompetensignal in Beethovens *Fidelio*-Ouvertüre, weil es den Augenblick der Befreiung ankündigt und zugleich *vorwegnimmt*: „Wie nirgends sonst wird Musik hier Morgenrot, kriegerisch-religiöses, dessen Tag so hörbar wird, als wäre er schon mehr als bloße Hoffnung."

Theologen im 20. Jahrhundert haben darüber gestritten, ob in der komplexen Beziehung zwischen Gott und Mensch die Musik eher auf die Seite des Menschen gehöre als lobende und dankende Antwort auf ergangene Offenbarung Gottes, oder ob in der Musik nicht Gottes Geist selbst wirksam und spürbar sei und ein Stück Begegnung mit dem Schöpfer möglich werde. Dieser Streit dürfte obsolet sein, wenn erkannt ist, dass Musik auch die Dogmatik transzendiert, weil sie in andere Bereiche vorstößt, wo die Rationalität von Lehrmeinungen zweitrangig ist. Musik lässt *erleben,* was die Lehre in dürre Worte zu fassen versucht. Friedrich Nietzsche, der mit der christlichen Lehre wahrlich auf dem Kriegsfuß stand, ging in einer Woche dreimal in Aufführungen der Bach'schen *Matthäus-Passion:* „Wer das Christentum völlig verlernt hat, der hört es hier wirklich wie ein Evangelium", schrieb er in einem Brief an Erwin Rohde 1870. Und meinte damit die Musik Bachs, nicht seine Sühnopfer-Theologie.

Musik lässt offen, wo das gesprochene und geschriebene Wort fixiert – das ist ihre Stärke und ihre Schwäche, denn das macht sie verletzlich und instrumentalisierbar für ganz heterogene Interessen und Ideologien. Aber es ist diese Verletzlichkeit, die sie unser Herz am Kopf vorbei erreichen lässt. Und in unserem Herzen Stärke werden: Das Kind geht nicht zufällig pfeifend in den dunklen Keller. Musik ist das Echo Gottes in der Welt. Sie kommt durch uns, aber sie hat nicht ihren Ursprung in uns.

Literatur

Berendt, J. B. (1988). *Das Dritte Ohr. Vom Hören der Welt.* Reinbek: Rowohlt.

Bubmann, P. (1988). *Urklang der Zukunft.* Stuttgart: Quell-Verlag.

Cardenal, E. (1991). *Wir sehen schon die Lichter.* Wuppertal: Hammer Verlag.

Drewermann, E. (1991). *Milomaki oder vom Geist der Musik.* Olten: Walter.

Hesse, H. (2000). *Briefe an Freunde.* Frankfurt: Insel.

Moser, T. (1980). *Gottesvergiftung,* Frankfurt: Suhrkamp.

Suppan, W. (1984). *Der musizierende Mensch.* Mainz: Schott.

CD: Winter, P. (2000). *Missa Gaia – eine Messe für die Erde mit Tier- und Menschenzungen.* Der GospelChor Saarbrücken (beim Verfasser).

Wilhelm Otto Deutsch
Dr. theol., geb. 1944, verheiratet, drei Kinder, Hochschullehrer, Chorleiter und Pfarrer i. R.

Wilhelm Otto Deutsch
„Bach war schon immer einer unserer Lieblingskomponisten gewesen"

Bach und die Beatles
Saarbrücken 2018 – print-on-demand 5,00 € zuzgl. Porto

Der überraschende Titel dieses längeren Essays ist ein Zitat von Paul McCartney. Wer würde schon auf den ersten Blick eine Beziehung zwischen Johann Sebastian Bach und den Beatles vermuten? Der Verfasser nahm McCartneys Bekenntnis zum Anlass, sich auf eine Spurensuche im Werk der Beatles zu begeben: Wie sind sie auf ihn aufmerksam geworden? Und welche Spuren hat Bach bei ihnen hinterlassen – wenn überhaupt? An mehreren Stellen weist der Verfasser einen konkreten Einfluss Bachs auf die Musik der Beatles nach.

Der magische Zirkel von Deutung und Bedeutung in Kafkas Romanfragment *Der Prozess*

Irene Berkenbusch-Erbe

Franz Kafka (1883 - 1924)

1. Vorüberlegungen zum Thema

Ein Circulus vitiosus? Wer gibt die Deutung vor, und wer erkennt die Bedeutung des Dargestellten? Abgesehen von Kafkas Werk ist diese Frage fast immer essenziell und erweist sich als unumgänglich, um sich dem gegebenen Thema annähern zu können.

In welchem Verhältnis stehen Deutung und Bedeutung zueinander, wie sehen es die Autorin oder der Autor eines Romans, einer Erzählung, eines Theaterstücks? Geben Autorin oder Autor ihrem Text eine Bedeutung, deren Deutung dann die Leserin oder der Leser vorzunehmen hat, sofern es ihr oder ihm gelingt? Aber kann es nicht auch umgekehrt sein, dass der Autor seinem Text eine bestimmte Deutung beimisst, deren Bedeutung dann der Leser herauszufinden hat? Dann stünde am Anfang eine vom Text vorgegebene mögliche Deutung, die eine herauszufindende Bedeutung nach sich zieht, und das provoziert einen wichtigen dialogischen Prozess. Möglicherweise haben Autorin oder Autor aber gar keine bestimmte Absicht mit ihrem Werk, oder sie sind sich darüber gar nicht im Klaren, die Leserin und der Leser ihrerseits versuchen nun aber, eine Deutung bzw. eine Bedeutung zu ermitteln.

Das kann insofern problematisch werden, als die Lesenden von ihrem persönlichen Hintergrund ausgehen, von ihren jeweiligen Erfahrungen, somit von der eigenen Perspektive und den eigenen Assoziationen und Fantasien, die das Werk auslöst. Das kann dann leicht zu verschiedenen Deutungen oder zu Missdeutungen führen oder zu Ansichten, die der Autor nicht teilen kann. So ist z.B. folgende Geschichte von Henrik Ibsen (1828–1906) überliefert, der nach Fertigstellung seines Dramas *Baumeister Solness* zu einem Freund gesagt hat: „Dieses Werk verstehen nur der liebe Gott und ich." Nach der ersten Aufführung und einer derart eingreifenden Bearbeitung des Regisseurs, dass Ibsen sein eigenes Werk kaum wieder erkannte, meinte er: „Jetzt versteht es nur noch der liebe Gott."

Ähnlich hätte auch Kafka reagieren können, er drückt es mit den Worten des Gefängniskaplans aber anders aus, wenn dieser sagt: „Richtiges Auffassen einer Sache und Missverstehen der gleichen Sache schließen einander nicht vollständig aus." (S. 158) Und der Protagonist Josef K. antwortet etwas später: „Die Lüge wird zur Weltordnung gemacht." (S. 160)

Somit hat Kafka aber in seinem Roman ein wunderbares Exempel statuiert, indem er seiner Parabel *Vor dem Gesetz* unmittelbar eine Interpretation folgen ließ, die die Problematik des schlüssigen Zusammenhangs von Deutung und Bedeutung eindrucksvoll aufleuchten lässt. Das bewog mich, mich dem Thema anhand dieses Textes anzunähern, zumal mich diese Parabel seit vielen Jahren ungeheuer beeindruckt und in meinem inneren Bewusstsein geprägt hat. Bevor ich mich diesem Text widmen möchte, erscheint es mir notwendig, ein paar Erläuterungen zum inhaltlichen Kontext der Parabel mit der Handlung des Romans vorauszuschicken.

2. Bemerkungen zum Roman *Der Prozess*

Franz Kafka (1883-1924) begann seinen Roman im August 1914 und beendete die Arbeit an dem Werk, das bis dahin bis auf den Anfang und das Ende nur aus Fragmenten bestand, am 3. Juli 1915. Die Daten sind insofern bedeutsam, als sie den Beginn des Ersten Weltkriegs bezeichnen und im Juli 2015 Kafkas 31. Geburtstag. Der Protagonist Josef K. wurde bezeichnenderweise einen Tag vor seinem 31. Geburtstag hingerichtet. In diesem Alter wird erfahrungsgemäß häufig eine erste Lebensbilanz gezogen.

Der Roman weist eine ganze Reihe autobiografischer Bezüge auf. So hieß ein entfernter Onkel Kafkas Josef Kafka, der tatsächlich einmal einen immensen Eklat mit dem Gericht provozierte, mit dessen Vorgehen er nicht einverstanden war. Weiterhin entsprechen die In-

itialen von Fräulein Bürstner, die eine wichtige Rolle im Roman spielt, den Initialen von Kafkas Verlobter, Felice Bauer, von der er sich zweimal entlobt hat, was starke Schuldgefühle in ihm auslöste (zu der Zeit schrieb er am Prozess), und nicht zuletzt erkennen wir in Josef K. das Alter Ego des Autors selbst.

Der Roman erschien posthum, nachdem Kafkas Freund Max Brod (1884-1964) ihn nach einer Bearbeitung der vorhandenen Fragmente und gegen Kafkas testamentarischen Willen 1925 herausgab und dabei eine erste, religiös-metaphysisch geprägte Interpretation versuchte. Nur die Parabel *Vor dem Gesetz* wurde von Kafka zu Lebzeiten selbst herausgegeben.

3. Kurz zum Inhalt

Josef K., ein Prokurist, erhält am Morgen seines 30. Geburtstags im Augenblick des Erwachens von zwei unvermittelt anwesenden Männern die Mitteilung, dass er verhaftet und es ihnen nicht erlaubt sei, einen Grund für seine Verhaftung anzugeben.

Der erste Satz dieses Romans ist wohl einer der berühmtesten aller Romananfänge, in dem es heißt: „Jemand mußte Josef K. verleumdet haben, denn ohne dass er etwas Böses getan hätte, wurde er eines Morgens verhaftet." (S. 7) Ab sofort wird ein sonderbares Gericht gegen ihn geführt, was vielfältige Bemühungen des Protagonisten nach sich zieht, den Grund für seine Verhaftung herauszufinden, denn nach wie vor fühlt er sich unschuldig. Das Gericht versteckt sich hinter der Obrigkeit, und Josef K. beschließt, den Prozess zunächst zu ignorieren, gerät aber schließlich in den Sog der Ereignisse und wird immer mehr emotional involviert, da es um die Frage nach der eigenen Schuld geht und worin sie bestehen könnte.

Die Handlung zeigt, dass es nicht um das alltägliche Verständnis von Schuld geht, wie „etwas Böses getan haben", an dem Josef K. allerdings bis zum Schluss hängen bleibt, sondern gemeint ist eine tiefere Dimension von Schuld, die zahlreiche vielfältige Interpretationen auf den Plan gerufen hat, die von existentiellen, tiefenpsychologischen, religiösen über gesellschaftskritische und politische bis hin zu biografischen Deutungen reichen.

Aufgrund des Gefühls der Unschuld wendet sich der Protagonist an alle möglichen

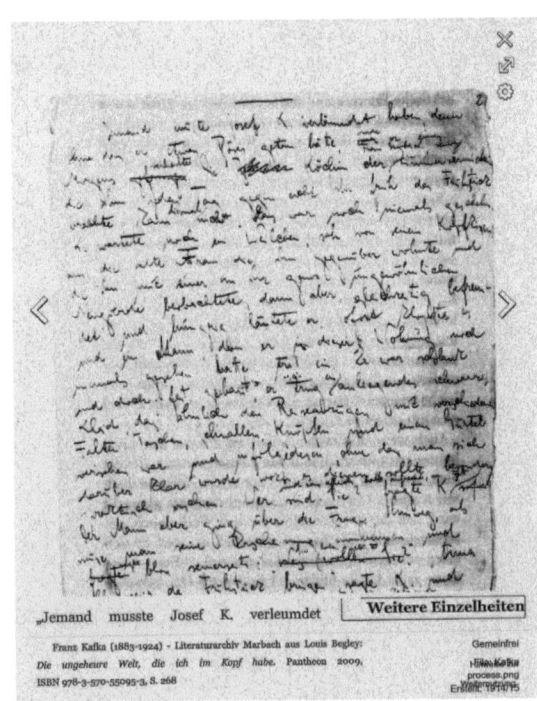

Franz Kafka, Anfang des Manuskripts von „Der Prozess" (wikimedia)

Personen in seinem Umfeld, an Freunde, an diverse, auch zweifelhafte Frauen, von denen er sich Hilfe und Vermittlung zum Gericht verspricht, und darüber hinaus versucht er persönlich immer wieder vergeblich, an das mysteriöse Gericht heranzukommen. Es finden zwar Anhörungen statt, die sich aber eher wegen unzulänglicher Räumlichkeiten und eines völlig inkompetenten Gerichtspersonals grotesk und aussichtslos gestalten, auch können K.s Verteidigungsreden an seiner Situation nichts ändern.

Schließlich trifft er in einem Dom einen Priester, der sich offenbar als Gefängniskaplan erweist, der ihm als Hilfe zur Selbsterkenntnis die Parabel vom Gesetz erzählt, in das ein Mensch sein ganzes Leben vergeblich Zutritt verlangt und wartet, bis es zu spät ist. Diese Parabel beinhaltet das Kernstück zum Verständnis der gesamten Prozess-Handlung, K. erkennt jedoch die Bedeutung für sein eigenes Leben nicht. Einen Tag vor seinem 31. Geburtstag, also fast ein Jahr nach der Verhaftung, endet der Roman mit der widerstandslos angenommenen Hinrichtung des Protagonisten, die in einem Steinbruch, wiederum von zwei Männern, Gesandten des Gerichts, vorgenommen wird.

Man stößt (auch) hier auf eine Tiefenschicht des Romans, die sich vor allem im „traumhaft" unlogischen Verhalten des Angeklagten manifestiert. (Stach, S. 552).

4. Die Parabel *Vor dem Gesetz* und der Versuch einer Deutung

Da die gesamte Textwiedergabe der Parabel an dieser Stelle zu viel Raum einnehmen würde, wird ihr Inhalt hier nur in kurzen Stichworten präsentiert.

Die bedeutsame Begegnung zwischen Josef K. und dem Gefängniskaplan, der die Parabel erzählt, spielt sich im Dom-Kapitel am Ende des Romanfragments ab und handelt von einem Mann vom Lande, der den dort am Eingang des Gesetzes sitzenden Türhüter um Einlass in das Gesetz bittet. Dieser sagt ihm, dass es möglich sei, aber nicht zum jetzigen Zeitpunkt, und verwehrt ihm zusätzlich den Zugang mit dem Hinweis, dass er im Verlauf seines Weges auf unüberwindbare Schwierigkeiten in Gestalt von immer mächtiger werdenden Türhütern stoßen würde, die er nicht

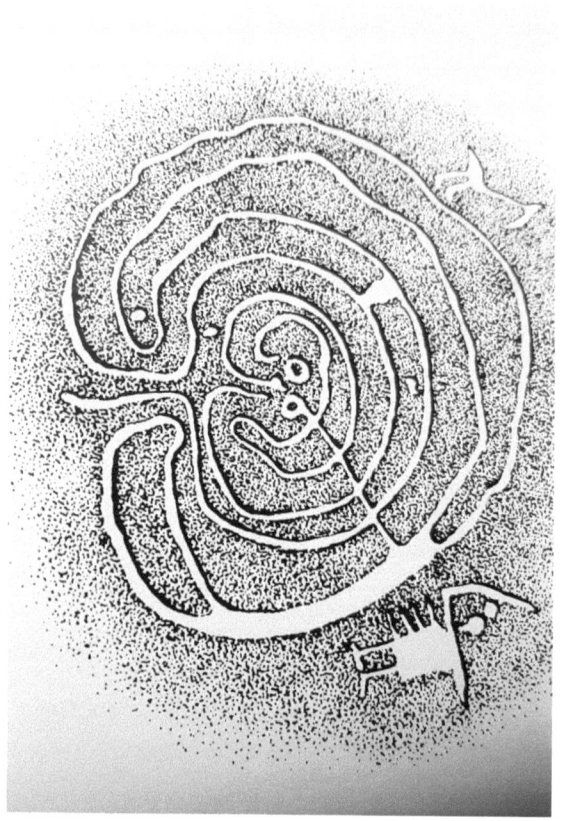

überwinden könne, somit der Versuch eines Eintritts vergeblich sei, außerdem tue er hier nur seine Pflicht. Trotzdem wartet der Mann darauf, dass der Türhüter ihm Einlass gewähren möge, viele Jahre, sein ganzes Leben lang, die ganze Zeit sitzend auf einem Schemel neben dem Eingang in das Gesetz. Er versucht den Türhüter zu bestechen, selbst die Flöhe im Pelzkragen des Türhüters werden um Hilfe gebeten, die Versuche bleiben aber vergeblich.

Sein zunehmendes Alter und das Gefühl seines nahenden Todes veranlassen den Mann, wobei er plötzlich ein aus dem Gesetz herausleuchtendes Licht erblickt, zu der Frage, warum in all den Jahren nie jemand vorbeigekommen sei, um Einlass zu verlangen, wo doch sämtliche Menschen nach dem Gesetz streben. Die lakonische Antwort des Türhüters trifft ihn und die Leserin, den Leser wie ein Donnerschlag: „Hier konnte niemand sonst Einlass erhalten, denn dieser Eingang war nur für dich bestimmt. Ich gehe jetzt und schließe ihn." (S. 156)

Was soll das bedeuten? Der Erzähler bleibt neutral und gibt keine Antwort.

Lediglich der Priester im Dom versucht eine Deutung der Parabel, wobei er aber das Wesen des Gesetzes letztlich nicht erklären kann, es kommt zu keinen endgültigen Einsichten, sondern auf die eigentliche Schuld des Josef K. eingeht, sich an Nebensächlichkeiten aufzuhalten. „Und nur weil er sich selbst nicht kennt (was vielleicht zu seiner Schuld gehört), tritt ihm sein eigenes Gesicht in diesem Spiegel (der Parabel) als fremd und erschreckend entgegen." (Stach, S. 553) Denn auch die Geschichte des Mannes vom Lande bringt Josef K. nicht zur Einsicht.

Von jeher verstehe ich diese Parabel existentialistisch-tiefenpsychologisch und vernachlässige die Betrachtung der übrigen, sicher nachdenkenswerten Verstehensansätze. Eine eindeutige, unwidersprochen überprüfbare Interpretation gibt es nicht. Somit spielt die eigene innere Resonanz auf das Geschehen eine wesentliche Rolle als innerer Kompass.

Meine spontane Reaktion auf die Parabel vor vielen Jahren war das Erschrecken darüber, den eigenen Lebenssinn verfehlen oder die Suche danach verpassen zu können. An dieser Reaktion von damals hat sich bis heute nicht viel verändert. Für mich symbolisiert der Mann das Bestreben, das eigene Lebensgesetz, die eigene Bestimmung erfahren bzw. finden zu wollen, jungianisch gesprochen, zum Selbst vorzustoßen. Es gelingt ihm nicht.

Warum nicht? Darin scheint seine eigentliche Schuld zu liegen, und hier lässt sich eine Parallelität mit dem Protagonisten Josef K. ausmachen, der sich bis zum Schluss nicht wirklich um seine Schuld kümmert, die darin bestehen könnte, dass er sich immer nach anderen Menschen umgesehen hat, anstatt sich wirklich um das Gesetz und dessen Bedeutung für ihn zu bemühen. „Er suche zuviel fremde Hilfe", wirft ihm der Priester vor (S. 154). Weder der Mann in der Parabel noch Josef K. kommen dem Geheimnis des Gesetzes und seines Lichts jemals auf die Spur.

5. Schluss

Was könnte das Gesetz bedeuten? Mir scheint, das Gesetz als Raum, den es zu betreten gilt, um sich dem Ziel der Begegnung mit dem Absoluten, der Wahrheit, dem Sinn und Ziel des eigenen Lebens zu nähern, beinhaltet die Auf-

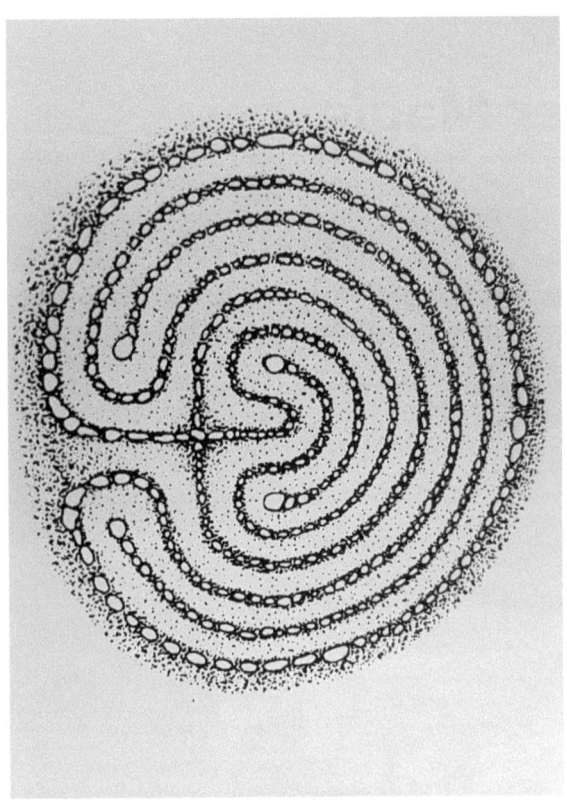

Perspektive und Lebenssituation, die sie zu ihrer eigenen Deutung der Texte führen können.

Als meine innere Resonanz auf diese Parabel spüre ich nach wie vor die Aufforderung und Ermutigung, den eigenen Weg zu sich selbst zu suchen und zu gehen. Somit kann aus meiner Sicht die Parabel trotz des negativen Schlusses eine hoffnungsvolle Perspektive eröffnen. Wenn Kafka in einem Brief an Oskar Pollak schreibt: „Ich glaube, man sollte überhaupt nur solche Bücher lesen, die einen beißen und stechen (...) ein Buch muss die Axt sein für das gefrorene Meer in uns" (Kafka 1966, S. 28), dann kann dies ja für ihn auch nur die Möglichkeit der Veränderung beinhalten.

Literatur

Alt, P. A. (2005). *Franz Kafka: Der ewige Sohn.* München: C.H.Beck.

Beicken, P. (2002). *Franz Kafka. Leben und Werk.* Stuttgart, Düsseldorf, Leipzig: Ernst Klett.

Jung, C. G. (1922). *Über die Beziehungen der analytischen Psychologie zum dichterischen Kunstwerk.* In GW 15, Sonderausgabe, hrsg. von L. Jung-Merker & E. Rüf. Ostfildern: Patmos, 2. Aufl. 2011.

Kafka, F. (1977). *Der Prozess.* Frankfurt: Fischer.

Kafka, F. (1966) An Oskar Pollak 27.01.1904; in: Briefe 1902–1924, Hrsg. M Brod. Frankfurt: Fischer.

Stach, R. (2004). *Kafka. Die Jahre der Entscheidungen.* Frankfurt: Fischer.

http://uweness.eu/das-gesetz-kafkas.html. Die Türhüter-Legende als Schlüssel zum Kafka-Verständnis.

Wagenbach, K. (1993). *Kafkas Prag. Ein Reiselesebuch.* Berlin: Wagenbach.

forderung des uralten „Werde, der du bist" als Lebensaufgabe. Es geht um die Entdeckung des inneren unverwechselbaren Wesenskerns, der zur Entfaltung gebracht werden soll.

Somit wäre der Mann in der Parabel nicht zu seinem eigenen inneren Lebensgesetz vorgestoßen, was tragisch ist, vor allem, weil es in seinem Fall zu spät ist. Den Glanz, der vom Inneren ausgeht und der wohl den Zugang zu seinem Selbst symbolisiert, hat er zu spät erkannt. Er hätte sich nicht gleich vom ersten Türhüter abschrecken lassen dürfen, auch standen die Türen zum Gesetz immer offen, er hätte bloß selbst aktiv werden müssen. Dagegen hat er sich zu wenig zugetraut, sich zu sehr von anderen abhängig gemacht. Darin besteht seine eigentliche Schuld. Kafkas eigene Andeutungen in einem etwas anderen Zusammenhang, „dass es um die Freiheit des Entschlusses, die Freiheit ungeteilter Verantwortung für sich selbst" (Stach, S. 546) gehe, könnte dieser Interpretation sogar entsprechen.

Die Lösung des anfangs erwähnten Circulus vitiosus bleibt nun an Leserin und Leser hängen und wendet sich an deren emotionale

Irene Berkenbusch-Erbe
Dr. phil., Analytische Psychologin (DGAP, IAAP), Dozentin und Lehranalytikerin am ISAP Zürich, Dozentin am C. G. Jung-Institut Stuttgart. Arbeit in freier Praxis in Ludwigshafen a. Rhein. Veröffentlichungen auf psychologischem und literarischem Gebiet.

Cinema Paradiso – das Kino, ein Ort voller Magie

Dieter Volk

Jahrmärkte, so heißt es, seien Ausgangspunkte bzw. Ursprungsorte des Kinos gewesen. In den Schaubuden und Panoptiken dort wurden gegen Ende des 19. Jahrhunderts optische Täuschungen und bald schon die ersten „bewegten Bilder" gezeigt – Kino als Kirmes.

Auch nachdem die Vorführung der ersten kurzen „Filme" in Nebenzimmern von Wirtshäusern und Cafés oder im Rahmen von Varietéprogrammen stattfanden – immer war es eine Attraktion, war es Spektakel, eine gesellige Veranstaltung mit ungeheurer Strahlkraft. Bis heute geht vom Kino dieser besondere Zauber aus.

Obwohl der Film noch eine relativ junge Kunst ist, haben sich bald schon Heerscharen von Filmtheoretikerinnen und Filmtheoretikern mit ihm beschäftigt, auch wurde aus der Soziologie und Philosophie der Frage nachgegangen „Warum gehen die Menschen ins Kino?". Ja, auch die Psychoanalyse hat sich überaus reichlich mit dem Phänomen Kino und Film beschäftigt.

So manche Charakterisierung gab es im Lauf der Zeit: Das Kino als „Fenster zur Welt", als „Traumpalast", als „Höhlenhaus der Träume", der Kinosaal als „Raum kollektiver Erfahrungen", der Film als „Flügel der Fantasie", als „Kunst der Emotionen", gar als „Gefühlsschleuder von Leben, Liebe und Tod".

Als ob er solcherlei Gedanken reflektieren und zur Darstellung habe bringen wollen, begibt sich Regisseur Giuseppe Tornatore mit *Cinema Paradiso*, für den er 1990 mit dem Oscar für den besten fremdsprachigen Film ausgezeichnet wurde, auf eine Reise in die Welt seiner Wurzeln im ländlichen Sizilien. Der damals noch junge Filmemacher Tornatore, der für seinen erst zweiten Spielfilm auch das Drehbuch schrieb, erzählt darin mehrere Geschichten.

Gekonnt versteht er es, die Geschichte eines kleinen Ortes mit der ihres Kinos zu verbinden. Wunderbar, wie er mit diesem Film seine Liebe zum Kino zum Ausdruck bringt, gera-

dezu eine Ode an das Kino, und dies, indem er von der außergewöhnlichen und berührenden Freundschaft zwischen dem alten Filmvorführer Alfredo und dem kleinen Jungen „Toto" erzählt; wie er der Frage nachspürt, welche Bedeutung das Kino sowohl für die Gesellschaft als auch für den Einzelnen hat.

Kirche und Kino
Giancaldo, ein kleines Städtchen in Sizilien. Ein malerischer Ort, weltabgeschieden. In eben dieses Örtchen gehen die Gedanken des erfolgreichen Filmemachers Salvatore („Toto") de Vito zurück, als er – seit Jahrzehnten in Rom lebend – vom Tod des ehemaligen Filmvorführers Alfredo (Philipp Noiret) erfährt. Er erinnert sich an seine Kindheit und Jugend, an Tage

und Stunden, die er im damaligen Dorfkino Cinema Paradiso verbracht hat, und er entsinnt sich der Freundschaft, die ihn mit Alfredo verbunden hat.

Und so begibt sich der Film in Rückblenden in einer imaginären Reise in den Kosmos dieses kleinen Städtchens, in die Zeit nach dem Zweiten Weltkrieg, in eine Welt, in der die Wunden des Krieges noch deutlich sind, in ein Milieu, sozial gekennzeichnet durch Klassenunterschiede und die große Armut der Mehrzahl seiner Bevölkerung, eine Welt, in der die Kirche im Zentrum steht und der Pfarrer als oberste moralische Instanz die sittlichen Vorgaben macht. Aber nicht nur die Kirche steht am Marktplatz des Ortes. Ihr gegenüber, geradezu als Kontrapunkt, steht unübersehbar das stattliche Gebäude des Cinema Paradiso, in dem sich die Dorfgesellschaft ein regelmäßiges Stelldichein gibt. Nicht übertrieben zu sagen: Dieses Kino ist das eigentliche soziale Zentrum des Ortes.

Dennoch, das Auge der Kirche wacht. Der Dorfpfarrer Padre Adelfio (Leopoldo Trieste) prüft gewissenhaft und mit heiligem Ernst, dass seine Schäflein ja keine ungehörigen Bilder zu sehen bekommen. Vor jedem neu anlaufenden Film fungiert er als Zensor, indem er im leeren Zuschauerraum sitzt und sich, mit einer Klingel bewaffnet, den Film der nächsten Woche anschaut. Jede anstößige Stelle – meist sind es harmlose Kussszenen – moniert er mit lautem Schellen. Für Alfredo, den Filmvorführer, das Gebot, die bemängelten Stellen auf der Filmrolle zu markieren und anschließend herauszuschneiden.

Toto – ein junger Cineast
Indes, da gibt es noch einen weiteren Zuschauer, den kleinen Salvatore, genannt Toto (als Kind von Salvatore Cascio gespielt, als Jugendlicher von Marco Leonardi und als Erwachsener von Jacques Perrin verkörpert). Zwar steht er dem Pfarrer, mit wenig Freude, als Messdiener zur Seite, seine ganze Leidenschaft gehört jedoch dem Kino – ein heimlicher Cineast. Nicht nur die Filmgeschichten auf der Leinwand verfolgt er mit dem gesamten Publikum begeistert und mit großen Augen, mehr noch fasziniert ihn Alfredo in seinem Projektionsraum. Wann immer sich die Gelegenheit bietet, beobachtet er dessen Tun. Jeden seiner

Handgriffe prägt er sich ein, verfolgt amüsiert das Herausschneiden der anstößigen Stellen. Gegen den anfänglichen Widerstand seiner Mutter, einer Kriegerwitwe, schleicht er ins Kino. Auch von Alfredo wird Toto lange Zeit ungern in seiner Nähe gesehen, da er nicht nur alles ganz genau wissen will, sondern sich immer wieder an den herausgeschnittenen Filmstreifen zu schaffen macht. Doch der Junge lässt sich nicht vertreiben, und schließlich schafft er es, mit seinem kecken Bubencharme Alfredos Herz zu gewinnen. Dieser führt ihn in die Technik der Filmprojektion ein. Nicht nur dies, der Griesgram entpuppt sich als liebenswerter Alter und wird Toto ein väterlicher Freund, ja er ersetzt ihm den in Russland gefallenen Vater. Und bald wird Toto ihm ein treuer und zuverlässiger Helfer.

Der Kinosaal – ein gemeinsamer Erlebnisraum
Der Plot des Films ist umrissen, der Beginn der Geschichte einer wunderbaren Freundschaft erzählt, so dass Tornatore nun den Blick zum Geschehen im Kinosaal lenkt. Und er präsentiert – als Film im Film – einen bunten Reigen aus Filmszenen mit Werken berühmter Regisseure wie Jean Renoir, Luchino Visconti, Federico Fellini, John Ford, mit Leinwandgrößen wie Jean Gabin, Anna Magnani, John Wayne, Brigitte Bardot, nicht zuletzt Charlie Chaplin in *The Knockout* aus dem Jahr 1914. Szenen faszinierend, fast zu kompakt und dem heutigen Kinofan meist wenig bekannt.

Ganz in der Tradition des Kinos als Kirmesveranstaltung, als Attraktion und Spektakel, inszeniert Tornatore das Publikum des Cinema Paradiso. Der Kinosaal tagein tagaus rappelvoll, jede Vorstellung ist ausverkauft. Alt und Jung, Männer wie Frauen, Arm und Reich, Gebildete und Analphabeten bilden ein treues und begeistertes Publikum. Meisterhaft–und man kann davon gar nicht genug kriegen –mit welchen Bildern Tornatore diesen sozialen Treffpunkt lebendig ausmalt, wahrlich ein gemeinsamer Erlebnisraum. Wie er beim Blick in den Kinosaal liebevoll ein buntes Spektrum an Gästen in ihrer Faszination von Kino und Film ausbreitet: Da erscheint einer, um mit lautem Getöse seine Freunde zu treffen; oder jener, der immer am selben Platz sein Nickerchen macht. Auch eine Mutter, ihren Säugling stillend, sitzt vergnügt in den Reihen. Da sind die Buben und Halbwüchsigen, die feixend und heimlich rauchend das Erwachsensein üben, und die Erwachsenen, die endlich wieder Kind sein dürfen. Alle haben großen Gefallen an dem Spektakel, sowohl im Saal als auch an dem, was sie auf der Leinwand zu sehen bekommen. Es ist geradezu spürbar, dass für sie der Kinobesuch vermutlich der emotionale Höhepunkt ihrer Woche ist. Denn nicht nur die sozialen Aspekte wie Geselligkeit und Kommunikation sind dabei von zentraler Bedeutung. Die Erzählungen der Filme, die Berichte der Wochenschauen verschaffen Impulse, geben ihnen Anstöße, auch politische Horizonterweiterung. Das Kino ist für die Menschen in ihrer kleinen Welt – durch Normen und Traditionen eher begrenzt, festgefahren und beschränkt – so etwas wie das Fenster zur Welt, ein Stück weit idealisierende Gegenwelt, durchaus als Überlebensstrategie in ihrer dörflichen Enge und Armut.

Die großen Themen des Lebens

Auch wenn wir wenig über die vorgeführten Filme erfahren, so zeigt doch die Freude, ja Begeisterung des Publikums, wie begierig dieses die Filmgeschichten aufnimmt, denn sie erzählen – damals wie heute – von den großen Themen des Lebens: Liebe, Leidenschaft, Unrecht und Verbrechen, Hoffnung und Verzweiflung, Abschied und Neuanfang … Es ist eine Freude zu sehen, wie die Menschen in den fantastischen Welten mit den Protagonisten mitzittern, mitleiden, mit ihnen triumphieren oder ihren Untergang betrauern. Begierig scheinen sie die Themen der Erzählungen aufzusaugen, berühren sie doch ihre Ängste, ihren Ärger, ihre Sehnsüchte und Fantasien. Die Filmfiguren bieten ihnen Möglichkeiten zur Identifikation, geben Individuationsanstöße und regen Entwicklungsschritte an.

Dass das Publikum intensiv mit dem Geschehen auf der Leinwand kommuniziert, zeigt sich, wenn die Buben im Western die Indianer lautstark mit Kriegsgeheul begrüßen, oder wenn ein Zuschauer vehement protestiert, weil in einer Szene offensichtlich der erlösende Kuss fehlt. Oder wenn eine unheimliche Szene in *Dr. Jekyll und Mister Hyde* ganze Stuhlreihen unter die Sitze rutschen lässt. Besonders eindrücklich ist jene Sequenz mit einem Zuschauer, der den Dialog Wort für Wort mitspricht, zu Tränen gerührt und vor Rührung fast zerfließend. Truffaut hat solches mit den

kurzen Worten treffend bezeichnet: „Ins Kino gegangen, gelacht, geweint, gezittert, mitgefiebert."

Der Psychoanalytiker C. Roesler hat, solcherlei Szenen betreffend, darauf hingewiesen, wie stark der Heldenmythos als Bauplan für Drehbücher verwendet wird. Insbesondere sei „anzunehmen, dass gerade solche Menschen von diesem Mythos angezogen sind, die noch damit befasst sind, ihre Ich-Stärke zu entwickeln und sich sowohl aus den persönlichen Bindungen der Kindheit als auch der unbewussten Bindung an kindliche Bedürfnisse zu lösen. Vermutlich sind das insbesondere junge Menschen." (*Das Abenteuer zum Ich*. In: Psychologie Heute 06/2021)

Das Ende einer Ära

Der Film *Cinema Paradiso* ist in erster Linie ein bezaubernder Ausflug in die Welt eines Dorfkinos. Weitet sich sein Blick über den Kinosaal hinaus, so zeigt Tornatore in heiteren Bildern seine sizilianische Heimat und seinen Geburtsort Baghera, den er als Drehort wählte.

Wenn er die amüsant-witzige Geschichte jedoch mit den bitteren sozialen Gegebenheiten verknüpft, erzählt der Film ganz im Stil des sozialkritischen italienischen Neorealismus. Dann zeigt er das Leid und die bittere Armut, in der Toto mit seiner Mutter lebt. Er zeigt, wie der Bub vom wenigen Geld der Mutter sich die Münzen stibitzt, die er für den Kinobesuch braucht. Mit eindrücklichen Bildern führt er auch die Armseligen und Elenden des Ortes vor Augen, ausgegrenzt und von ihren Mitmenschen übel verhöhnt.

Die Darstellung dieser dörflichen Kinowelt findet ihren Höhepunkt und zugleich ihr Ende in jener tragischen Nacht, in der sich durch eine Unachtsamkeit das leicht entflammbare Filmmaterial entzündet und es zu einem verheerenden Brand kommt. Toto gelingt es zwar, Alfredo aus dem lichterloh brennenden Kino zu retten. Alfredo ist jedoch so schwer verletzt, dass er in der Folge erblindet – und das Kino ist bis auf die Grundfesten zerstört. Das Ende einer Ära könnte nicht deutlicher zum Ausdruck gebracht werden.

Jedoch, durch die Investition eines zu Geld gekommenen Filmliebhabers ist das Nuovo Cinema Paradiso bald wieder aufgebaut, und Toto wird selbstverständlich Alfredos Nachfolger. In diese Aufgabe arbeitet sich der Junge schnell ein, immer begleitet von den Ratschlägen des guten alten Freundes.

Mit dem Nuovo Cinema Paradiso ist eine neue Zeit angebrochen, die Moderne, eine Zeit des „Fortschritts". Die Zeit der Naivität scheint endgültig vorbei, und der Regisseur hat seine kindlich-romantische Brille abgesetzt und wirft in der Folge einen kritisch-realistischen Blick auf das Geschehen.

Die Filme, jetzt meist in Farbe, werden freizügiger und werden ohne priesterliche Zensur gezeigt, auch die Sitten des Publikums werden lockerer, ja sie laufen Gefahr zu verrohen. Das Programmangebot wird ausgeweitet – sogar Open-Air-Vorstellungen gibt es – immer wieder kommt es zu organisatorischen Schwierigkeiten. Alles wird komplizierter und vielschichtiger. Der Regisseur lässt uns daran teilhaben, indem er nun verschiedene Handlungsstränge verfolgt und nicht nur den Blick auf den Kinosaal wirft, sondern nun auch die gesellschaftlichen Prozesse in den Fokus nimmt.

Der blinde Seher

Die Jahre vergehen. Salvatore, inzwischen ein junger Mann, ist im neuen Kino nicht nur ein zuverlässiger Filmvorführer, mehr noch versucht er – von Alfredo dazu ermuntert – eigene kleine Filme zu drehen. Auch verliebt er sich unsterblich, aber unglücklich in die Tochter des Bankdirektors, denn daraus kann nichts werden, die Klassenschranken verbieten eine solche Liebschaft.

Und so ist *Cinema Paradiso* über die – anfänglich nostalgisch verklärte – Hommage an die Welt des klassischen Kinos hinaus auch ein Film, der den Entwicklungsweg des Filmemachers Salvatore de Vito beschreibt, der die Geschichte seines Heranwachsens in häuslicher Kargheit erzählt, und was es für das Kind

rauschenden Nostalgie und der illusionären Vorstellung, das Kino sei größer als das Leben selbst. Um es in den Worten von Alfredo zu sagen: „Das Leben ist kein Film. Das Leben ist viel komplizierter."

Ganz dem Wunsch Alfredos folgend, kehrt Salvatore erst zu dessen Beerdigung zurück. Nach dreißig Jahren. Nicht nur der kleine Toto ist herangewachsen, auch das Kino ist in die Jahre gekommen. Es steht leer, soll abgerissen werden, damit dort Parkplätze gebaut werden können. Beide haben ihren früheren Charme, ihre Unschuld verloren, sind von den Zeitläuften gezeichnet. Und als ob Tornatore dies auch visuell verdeutlichen wolle, taucht er diese letzten Bilder in ausgebleichte Gegenwartsszenen, die ganz im Kontrast stehen zu den gesättigten Farben der früheren.

Trotz aller Ironie, trotz des feinen Humors, die den Film über weite Strecken durchziehen, sind die schmerzhaften Momente deutlich zu spüren. Die damit verbundenen Emotionen werden von der wunderbaren Filmmusik des Meisters Ennio Morricone begleitet, die nicht nur den Zauber der Vergangenheit einfängt, sondern auch die dazugehörige Melancholie herbeiführt.

Und passend begleitet die Titelmelodie des Films die berührende Schlussszene, in der Salvotore de Vito mit Tränen in den Augen, in einem leeren Kinosaal sitzend, sein neues Werk betrachtet – die von Alfredo hinterlassenen und neu zusammengefügten Schnipsel der Erinnerung. Vielleicht kann nur so das Paradies, sein Paradies, betrauert und gerettet werden.

und den Jugendlichen bedeutet hat, durch das Kino und Alfredo geprägt worden zu sein. Denn ohne diese Erfahrungen wäre er nicht ein so erfolgreicher Regisseur geworden. Alfredo hat den Jungen als väterlicher Freund auf seinem Weg begleitet mit seinen Versuchen, ihm die Welt zu erklären – meist mit treffenden Filmzitaten. Auch hat er ihm zur Freude an der Filmkunst verholfen, ihm ihre Inspiration und lebensverändernde Kraft vermittelt.

Doch zunehmend übernimmt der Alte – geradezu als blinder Seher („Seit ich blind bin, sehe ich alles viel klarer") – die Rolle des Mahners. Immer deutlicher nimmt er an Toto wahr, dass dieser sich von seinen kleinen Erfolgen blenden lässt und Gefahr läuft, sich damit zufrieden zu geben. Auch weiß er um die geistige Enge seiner Heimat, und weil er ihre Perspektivlosigkeit ahnt, ermutigt, ja bedrängt er den jungen Mann, fortzugehen und sein Talent nicht in Giancaldo zu vergeuden. Am besten kehre er nie wieder zurück.

Nie wieder zurückkommen!

Ein befremdlicher, rätselhafter Rat? Nur auf den ersten Blick. Alfredo hat offenbar erkannt, dass Salvatore an einer idealisierten Erinnerung festhält, die das harte und karge Leben seiner Kindheit ergänzt, ja erträglich gemacht hat, dass dieses hartnäckige Festhalten am Bild vergangener Zeiten für ihn jetzt aber die Gefahr der Stagnation bedeutet. Alfredo weiß, dass es im nächsten Schritt bei seinem jungen Freund darum geht, loszulassen und autonom zu werden.

Indem Alfredo ihn warnt, sich nicht der Verklärung der Vergangenheit hinzugeben, warnt er auch das Publikum vor dem Sog der be-

Cinema Paradiso ist als DVD im Handel erhältlich.

Dieter Volk
Analytischer Kinder- und Jugendlichen-Psychotherapeut, Dozent am C. G. Jung-Institut Stuttgart. Dort Initiator der Veranstaltungsreihe „Film im Keller".

Macht Blödsinn Sinn?

Jürgen Lieser

Mal abgesehen davon, dass es „hat" heißen müsste – etwas hat Sinn oder es hat keinen –, aber hier soll es nicht um semantische Pedanterie gehen, sondern um die erkenntnistheoretische Frage: Wie viel Blödsinn verträgt die Wirklichkeit? Kann sinnfreier Blödsinn, also blödeln um des Blödelns willen, sinnstiftend sein?

Im Unterschied zum gepflegten Blödsinn, dessen Sinn sich phänomenologisch erst durch das recht gewählte Maß an intendierter Blödheit entfaltet, zeichnet sich der Unsinn dadurch aus, dass der Urheber oder die Urheberin desselben uns diesen als sinnhafte Wahrheit glauben machen will (Hinweis an alle Plagiatsjäger: Dieser letzte Satz ist original vom Autor dieses Textes, nicht von Heidegger oder Adorno). Entpuppt sich doch manches, was uns als Sinn (oder wahr) verkauft wird, am Ende als Unsinn, vulgo: Bullshit. Beispiele gefällig? „Die meisten unserer Importe kommen aus dem Ausland." (George W. Bush) „Niemand hat die Absicht, eine Mauer zu errichten." (Walter Ulbricht) „Der beste Präsident, den Gott je erschaffen hat." (Donald Trump). „Das Problem der Tretminen lässt sich nur Schritt für Schritt lösen." (Helmut Kohl)

Apropos Tretminen: Freunde des kultivierten Blödsinns und der gepflegten Beleidigung wissen ein Lied davon zu singen, wie schnell eine unbedacht gewählte Formulierung einen Shitstorm (die deutsche Übersetzung klingt irgendwie ordinärer) auslösen kann, mit anschließender verbaler Hinrichtung des Übeltäters. Ganz schnell passiert das bei Blödeleien über Minderheiten wie zum Beispiel N*, Z*, J*, Schw*, F*, B* usw.

Man soll zwar nicht dauernd wieder von Hitler anfangen – so eine verbreitete Meinung in der Nachkriegszeit –, aber wir machen jetzt mal eine Ausnahme: Hätte Hitler nicht Hitler, sondern Kräuter geheißen, dann hätte die Weltgeschichte vermutlich einen anderen Verlauf genommen. Mit „Heil Kräuter" als Gruß kann man keine Volksmassen zum totalen Krieg mobilisieren. Das hat Karl Valentin richtig erkannt. Von ihm – nicht von Hitler – stammt auch der Spruch: „Nieder mit dem Verstand – es lebe der Blödsinn!"

Die akademische Variante dieser bahnbrechenden philosophischen Erkenntnis verdanken wir Paul Watzlawick. Der hat unsere Sicht auf die Welt ziemlich auf den Kopf gestellt, indem er behauptete, das Gegenteil von schlecht sei nicht notwendigerweise gut, sondern könne noch schlechter sein. Von wegen alles wird gut.

Ob Watzlawick auf diese Erkenntnis vor, während oder nach seiner Ausbildung am C. G. Jung-Institut in Zürich gekommen ist? Wolfgang Pauli, Physiker und Freund von C. G. Jung, bekannt für seine genialen Gedanken als Wissenschaftler, für sein wildes Leben und seine krassen Sprüche, soll gesagt haben: „Das ist nicht nur nicht richtig, es ist nicht einmal richtig falsch." Dem sprachgewaltigen Karl Kraus wird der Spruch zugerechnet: „Es gibt Sachen, die sind so falsch, dass nicht einmal das Gegenteil richtig ist." Womit wir wieder bei der Interpretation der Wirklichkeit angelangt wären und dabei, wie sehr uns der Verstand in die Irre führen kann.

Watzlawick hat mit seiner *Anleitung zum Unglücklichsein* gegen die Flut der „Simplify your life"-Lebensratgeber angeschrieben, die Selbstverwirklichung, Glück und Erfolg versprechen. Statt Selbstoptimierung zu versprechen, hat Watzlawick Tipps gegeben, wie man seinen Alltag noch unerträglicher gestalten kann. Warum das Sinn macht bzw. hat? *Vom Unsinn des Sinns oder vom Sinn des Unsinns* lautet der Titel einer kleinen Schrift, in der Watzlawick seinen „Radikalen Konstruktivismus" begründet und an eindrücklichen Beispielen erklärt, warum es keine objektiv existierende Wirklichkeit gibt: Wir glauben, der Name, den wir den Dingen geben, sei identisch mit dem Ding. Der Schizophrene, so Watzlawick, isst die Speisekarte, weil darauf köstliche Speisen stehen, beschwert sich anschließend über den schlechten Geschmack und nimmt schließlich an, dass man ihn vergiften will. – Warum einem an dieser Stelle die Querdenkerszene einfällt? Alles radikale Konstruktivisten oder einfach nur ein bisschen durchgeknallt?

Lassen sich aus dem Gesagten Schlussfolgerungen für die therapeutische Praxis – von der der Autor dieser Zeilen wenig Ahnung hat – ziehen? Vielleicht diese: Was mein Patient oder meine Patientin mir da gerade erzählt, macht überhaupt keinen Sinn, und hat auch keinen. „Der wahre Sinn offenbart sich nur dann, wenn wir ihn nicht mehr suchen." (Watzlawick)

Bleibt am Ende also die karlvalentinsche Version von Kants Kritik der reinen Vernunft: „Nieder mit dem Verstand – es lebe der Blödsinn!" Zumal der menschliche Verstand ja demnächst durch die Algorithmen der Künstlichen Intelligenz abgelöst wird, und uns der Blödsinn hoffentlich noch eine Weile als konkurrenzlose Spielwiese erhalten bleibt.

Jürgen Lieser
Jg. 1948, Dipl.-Pädagoge. Langjährige berufliche Tätigkeit in der internationalen Not- und Katastrophenhilfe. Lehraufträge zur Entwicklungspolitik und Humanitären Hilfe in Tübingen und Freiburg. Seit 2011 im Ruhestand.

„Nichts ist ganz wahr - und auch das ist nicht ganz wahr."

Es ist meine bilderreiche Seele, die der Welt Farbe und Ton verleiht, und was ich jene allerrealste, rationale Sicherheit, die Erfahrung nenne, so ist auch ihre einfachste Form noch ein über alle Maßen kompliziertes Gebäude seelischer Bilder: So gibt es gewissermaßen nichts von unmittelbarer Erfahrung als nur gerade das Seelische selbst.
Alles ist durch dasselbe vermittelt, übersetzt, filtriert, allegorisiert, verzerrt, ja sogar verfälscht. Wir sind dermaßen in eine Wolke wechselnder und unendlich vielfach schillernder Bilder eingehüllt, daß man mit einem bekannten großen Zweifler ausrufen möchte: „Nichts ist ganz wahr - und auch das ist nicht ganz wahr."

C. G. Jung, GW 8, § 623

Aniela Jaffé (nach Gesprächen mit C. G. Jung)
Streiflichter zu Leben und Denken C. G. Jungs
Daimon Verlag, 2021, 432 Seiten
ISBN 978-3-85630-778-3, € 36,–

Eine der letzten Äußerungen in diesen Texten lautet: „Der schuldlose Mensch, welcher der Welt entsagt und dem Leben seinen Tribut verweigert, gelangt nicht zur Individuation, denn in ihm fände der dunkle Gott keinen Raum."

Welche Dialektik, die uns in die Polarität des Lebens zwingt. Von solcher Polarität ist dieses Buch geradezu angefüllt.

Streiflichter sind es wohl, aber sie reichen oft in plötzliche Tiefen und Ebenen der Erkenntnis, die geeignet sind, uns zu wecken, zum Nachdenken zu zwingen. Wir kennen das ja aus C. G. Jungs Schriften, dass wir nach manchmal langen Umkreisungen und Ausflügen plötzlich von einem Gedanken in die Tiefe oder Höhe gezogen werden und uns auf einer anderen Ebene wiederfinden. Wir könnten auch sagen, es sind nachgelassene Edelsteine, die sozusagen auf dem Weg der Entstehung des Buchs Erinnerungen, Träume, Gedanken liegen geblieben sind, verworfen wurden.

Wir finden die unterschiedlichsten Gedanken zum therapeutischen Prozess, zur Übertragung, zum Problem der psychischen Diagnose in ihrem Verhältnis zur persönlichen Geschichte, zum Themenkreis des Selbstmords, zur tragenden, aber auch begrenzenden Funktion der Ehe, zu dem Problem der

Grenze sprachlichen Erfassens, zur Auseinandersetzung mit Jungs Erlebnissen in Afrika, zum Buddhismus, zu Spukphänomenen, zur Antike, zu eigenen Träumen, über Jungs Begegnungen mit anderen Menschen und ihre Bedeutung in seinem Leben, so zum Beispiel auch offen über Toni Wolff, und ausführlich zum Leben vor und nach dem Tod.

Das alles in großer todesnaher Offenheit, die offensichtlich in den Gesprächen mit Jaffé durch ein großes Vertrauen möglich wurde. Und immer bleiben auch die Widersprüche und ungelösten Rätsel als solche stehen. Ich habe das in diesen Texten als große Entlastung erlebt, dass nicht ad finitum definiert werden muss, sondern Geheimnisse Rätsel bleiben dürfen, ja sogar die Bedeutung des Geheimnisses betont wird. Ganz besonders wird dies deutlich, wenn es um die Frage geht, was nach dem Tod bleibt. Hier wird spürbar, dass Jung eine Hoffnung oder eine Neugier hat, aber nicht wissen muss; abwarten kann und auch die Möglichkeit des Nichts aushält. Berührt haben mich auch die Ausführungen über die Unbewusstheit Gottes oder der göttlichen Kraft, die uns Menschen braucht, um zu erkennen. Wir kennen diesen Gedanken aus Antwort auf Hiob und anderen Texten; hier wird er nochmal pointiert gefasst.

Ausführlich kommentiert hat Elena Fischli den Entstehungsprozess von Erinnerungen, Träume, Gedanken und diesen nachgelassenen Notizen, geht besonders auf die Eigenart der Beziehung zwischen Jung und Jaffé ein und stellt auch deren eigene theoretische Arbeit dar.

Einen besonderen Raum nimmt dabei auch die dramatische Lebensgeschichte Aniela Jaffés ein, die – aus einer Tradition geistig aufgeklärten und wachen jüdischen Bildungsbürgertums kommend, selbst christlich getauft – ihr Studium der Philosophie, der Psychologie bei William Stern, dem Pionier der Psychologie der Kindheit, und der Kulturanthropologie bei Cassirer, Panofsky und Warburg nicht beenden und ihre Promotion über das Sozialverhalten von Kindern im Kindergarten nicht abschließen konnte, vor dem Nationalsozialismus in die Schweiz floh, später in letzter Minute ihre Eltern retten konnte, aber viele Familienmitglieder in der Shoah verlor. Von ihrem Studium brachte sie eine grundlegende Offenheit für die Vorstellungen der Analytischen Psychologie mit. Aber auch in der Schweiz waren für sie zumindest anfangs die Feindlichkeit und die Ablehnung gegenüber der Fremden deutlich spürbar, selbst dann noch, als sie in den Kreis um C. G. Jung aufgenommen war. Interessant ist hier, wie sehr sie selbst der Unterstellung widerspricht, Jung sei Antisemit gewesen, und betont, dass sie das genaue Gegenteil erlebt habe, im Gegensatz zu manch anderen aus seinem Umkreis. In einer eigenen ausführlicheren Arbeit über sein Verhältnis zum Nationalsozialismus kritisiert sie jedoch auch seine in problematischer Zeit gemachten und inhaltlich auch unrichtigen Aussagen über die jüdische Wesensart.

Breiten Raum nehmen im Kommentar die Auseinandersetzung mit dem amerikanischen Verleger Wolff ein sowie die Rechtsstreitigkeiten mit Rascher im Zusammenhang mit der Herausgabe von Erinnerungen, Träume, Gedanken. Immer wieder ging es um die dringende Forderung Wolffs, es müsse eine eigene Biografie werden ohne Autorschaft Jaffés, was Jung nicht wollte, weil er nie eine solche Absicht gehabt habe. Die Forderung, zum Beispiel, er müsse seine Begegnungen mit bedeutenden Menschen genauer schildern, widersprach seinem eigenen Wunsch, den Linien seiner innerseelischen Entwicklung und dem inneren Prozess nochmals rückblickend Raum zu geben, die „seelisch als wesentlich empfundenen Inhalte" herauszuarbeiten. Sehr deutlich wird, dass es sich bei der Entstehung von Erinnerungen, Träume, Gedanken und dieser nachgelassenen Gedanken um einen lebendigen Dialog zwischen Jung und Jaffé handelte, der überwiegend von ihr notiert und sprachlich umgesetzt wurde. Bei der Verfassung der nachgelassenen Streiflichter wiederholten sich die geäußerten Zweifel an ihrer Autorschaft, und es wird deutlich, in welchem Ausmaß ein so bedeutender Geist wie C. G. Jung durch sein Werk zum öffentlichen Eigentum wird.

Ein Buch, das ich sehr gern gelesen habe, das mich diesem großen Menschen auf eine ganz persönliche Weise nahe gebracht, mich dadurch sehr berührt und bewegt hat. Auch das gut ausgewählte Bildmaterial hat viel dazu beigetragen. Ich gestehe, nach der Lektüre der Seminarprotokolle war ich mir nicht so si-cher, ob ich mich so gerne seinen oft apodiktischen und autoritären Reaktionen ausgesetzt hätte, hier aber kommt mir der altersweise Jung in eine angenehme Nähe. Sicher ist dies der zurückhaltenden, aufnehmenden Haltung von Aniela Jaffé zu verdanken, die ihm – insbesondere nach dem Tod Toni Wolffs und seiner Frau – eine willkommene Animagestalt anbot. Er öffnet sozusagen im Hof von Bollingen bei einer Flasche Wein und einer guten Zigarre die Schönheit eines Denkens, Fühlens, Empfindens und Intuierens ohne Begrenzung, und so weckt dieser Text auch alle Sinne.

Hans Dieter Knoll

Roland Kachler
Kinder im Verlustschmerz begleiten
Hypnosystemische, traumafundierte Trauerarbeit mit Kindern und Jugendlichen
Klett Cotta Verlag, 2021, 182 Seiten
ISBN 978-3-608-8971-0, € 25,00

Bereits im Vorwort beschreibt Roland Kachler seinen beziehungsorientierten Ansatz, der im Zentrum seiner Arbeit steht. Der Tod beendet zwar das Leben eines nahen Menschen, aber nicht die Liebe zu ihm. Es geht darum, zu dem Verstorbenen, sei es ein Elternteil, ein Geschwisterkind oder ein Großelternteil, „eine innere Beziehung zu finden und so zu leben, dass diese für das eigene Weiterleben hilfreich wird" (S. 11). Er hat erkannt, dass Kinder nach einem schweren Verlust Hilfe zur Bewältigung des häufig traumatischen Ereignisses brauchen. In 8 Kapiteln beschreibt er, wie unterschiedliche Verlust-Traumatisierungen aussehen und wie sie sich auf Bindungs- und Beziehungsprozesse auswirken können.

In kurzen Kapiteln beschreibt Kachler die Dynamik verschiedener Verluste und gibt den LeserInnen Orientierung in kurzen Abschnitten unter „Beachte". Darin beschreibt er kurz die besondere Bedeutung der Beziehung zur Mutter; das Verlusttrauma, das entsteht, wenn ein Geschwister stirbt; und den Schrecken, wenn die Großeltern sterben. Es sind berührende Beispiele –vom Tod der krebskranken Mutter, von der Schwester, die sich suizidiert hat, von dem kleinen Schwesterchen, das tot im Gartenteich liegt –und es werden Möglichkeiten aufgezeigt, mit dem unerträglichen Geschehen umgehen zu lernen.

Der Autor erklärt überaus hilfreich, wie Kinder und Jugendliche ebenso wie Erwachsene nach einem Trauma körperlich reagieren. Er beschreibt die Desorientierung und Verwirrung, die Lähmung und das Freezing, die Benommenheit und Betäubung, das Numbing, die Derealisierung und Depersonalisierung, die Sprachlosigkeit und die Sprachblockaden. Diese unterschiedlichen Reaktionen werden sehr gut und verständlich erklärt.

Kinder haben noch keine hinreichenden Regulationsmechanismen wie Erwachsene und sind daher noch viel stärker ihrem Verlusttrauma ausgesetzt. Sie weinen unvermittelt, sind aggressiv, dann auch wieder erstarrt. Es ist für Eltern, Angehörige, LehrerInnen und TherapeutInnen überaus wichtig, diese emotionalen Ausbrüche und Durchbrüche zu verstehen, um Kindern und Jugendlichen emotionalen Halt geben zu können. Diese Unruhe darf keinesfalls als Hyperaktivität interpretiert werden, sondern ist ein Ausdruck tiefster Verzweiflung und Ohnmacht.

Dazu kommt: Wenn die Eltern mit ihrer Trauer beschäftigt sind, fällt für die Kinder häufig eine emotionale Begleitung aus. Der Autor sagt aus seiner Erfahrung heraus: „Deshalb brauchen Kinder und Jugendliche bei dem Tod eines Eltern- oder Geschwisterteils unbedingt rasche professionelle Trauerbegleitung" (S. 27).

Roland Kachler beschreibt sehr gut, wie Kinder in den verschiedenen Lebensaltern trauern und erzählt von der Trauer eines 2-Jährigen, von 5- bis 6-Jährigen, von Kindern im Schulalter bis hin zur Pubertät. Die differenzierten Beschreibungen in seinem Buch kann ich durch meine therapeutische Arbeit nur bestätigen. Die Entwicklungsphasen der Kinder und Jugendlichen werden sehr gut aufgenommen. Eindrücklich wird die Trauerarbeit über Symbole beschrieben; werden regressive Prozesse und aggressive Abwehr des Geschehens dargestellt, und auch die unterschiedliche Trauer bei Mädchen und Jungen wird beschrieben. Es ist eine Stärke Roland Kachlers, die Trauerarbeit auch als Beziehungsarbeit zu verdeutlichen. Über Imaginationen wird die innere Bindung zu den verstorbenen Menschen aufrechterhalten. Sie kann auf einer anderen Ebene, z. B. über Bilder, spürbar werden, Halt geben und trösten.

Eindrücklich beschreibt er die Reaktion von zwei Jungen, deren Vater bei einem Unfall gestorben ist. Für beide ist klar: Der Papa wohnt auf einem Stern. Die Mutter geht mit ihnen zur Sternwarte, und sie haben weiterhin eine symbolische Beziehung zu ihrem Vater. Es ist eine Form, ihrem Papa nahe zu sein. Andere Kinder tragen einen Pullover der Mama, die verstorben ist, um ihr nahe zu sein. Wieder andere Kinder malen immer wieder ein Bild und bringen es auf den Friedhof, zum Grab des Verstorbenen. Entscheidend ist, die Kinder in ihrem Beziehungswunsch und in ihren Ritualen zu unterstützen.

Die bisherigen Erfahrungen mit den Verstorbenen sind ebenfalls eine wichtige Ressource. Über das Erzählen kommt häufig erst mal die Trauer in den Raum und der Verlust wird realisiert. Es entstehen Verarbeitungsprozesse in dem je eigenen Tempo des Kindes oder Jugendlichen.

Der Autor betont: „Bei den Löse- und Abschiedsprozessen von den Traumareaktionen und der Trauer betonen wir, dass die Liebe und der verstorbene nahe Mensch bleiben dürfen und bleiben werden" (S. 161).

Es werden dann Wege gesucht, von einem Berg zurückzublicken und dem eigenen Leben in der Zukunft Ziele zu geben. Beides ist wesentlich –der Blick zurück und der Blick nach vorn. Roland Kachler ist ein sehr einfühlsames Buch gelungen, das für viele Menschen sicher eine große Hilfe sein kann im Umgang mit Kindern, die einen Verlust erlitten haben.

Es ist für TherapeutInnen methodenübergreifend wertvoll und kann auch PädagogInnen, Eltern und Großeltern eine große Unterstützung sein im Verständnis der Trauer von Kindern und Jugendlichen. Ich empfehle es sehr gerne weiter!

Margarete Leibig

Verena Kast
Vertrauen braucht Mut.
Was Zusammenhalt gibt
Düsseldorf: Patmos Verlag 2022, 152 S.,
ISBN 978-3-8436-1343-9, € 16,–

Dieses Buch erscheint zum richtigen Zeitpunkt: Vor 7 Tagen (heute, am Tag, als die Rezension geschrieben wird, ist der 4. März) wurde die Ukraine von Russland überfallen. Es ist Krieg in der Ukraine. Der erste Krieg in Europa seit 70 Jahren. In diesen Zeiten braucht es mehr denn je Mut, um dem Leben und der Zukunft zu vertrauen.

Verena Kast hat dieses Buch aus einer Vorlesungsreihe entwickelt, die sie online 2020 bei der Internationalen Gesellschaft für Tiefenpsychologie (igt) Lindau, gehalten hat. Das war eine Zeit, in der wir durch die Corona-Pandemie eine bisher nie gekannte Bedrohung erlebt haben. Der Lock-down war die Folge. Treffen in Gruppen waren nicht mehr möglich, Veranstaltungen waren verboten, Studenten,

Kindern und Jugendlichen fehlte der Präsenzunterricht mitsamt den sozialen Kontakten. In dieser Zeit, in der die menschliche Verwundbarkeit und die Angst vor der Infektion besonders spürbar war, wurde dieser Text „Vertrauen braucht Mut" von der Autorin geschrieben. Die gesellschaftliche Situation wurde von ihr sehr besonnen aufgenommen.

In 8 Kapiteln entfaltet Verena Kast das Thema Vertrauen und Misstrauen in den unterschiedlichen Facetten. Sie stellt psychologische Konzepte vor, z. B. die Identitätsentwicklung von Eric Erikson, die Bindungstheorie und das Jung'sche Schattenkonzept, soziologische Ansätze sowie Aspekte der neuesten Forschung aus der Emotionspsychologie. Die Autorin macht deutlich, wie sehr Vertrauen für das menschliche Miteinander notwendig ist, um die Herausforderungen des persönlichen und globalen Miteinanders zu bewältigen.

Verena Kast: „Wir Menschen sind verletzlich, wir fühlen uns oft bedroht und wir ängstigen uns. Wenn wir uns ängstigen, helfen uns unsere Mitmenschen, auf die wir uns verlassen können. Mit einem verlässlichen Menschen an der Seite können wir Mut zur Angst entwickeln, können der Angst begegnen und gewinnen daraus auch eine Zuversicht, dass wir mit den Problemen umgehen können. Der Raum der Beziehung ist ein Raum der Möglichkeiten ..."

Die Autorin beschreibt hier uns Menschen als soziale Wesen, die sich trösten können, die einander vertrauen können, die miteinander wieder in Zuversicht finden. Und das haben sehr viele Menschen in der Pandemie schmerzlich vermisst. Die sozialen, stärkenden, zwischenmenschlichen Kontakte haben in der Corona-Zeit sehr oft gefehlt. Viele Menschen fühlten sich in ihrer Angst alleine und der Angst ausgeliefert.

Grundvertrauen und Grundmisstrauen, entstehen aus frühen Erfahrungen im Leben und prägen Menschen. Verena Kast fügt jedoch auch das archetypische Vertrauen, das Urvertrauen hinzu, das biologisch jedem von uns mitgegeben wurde und uns hilft, nach Erschütterungen wieder ins Vertrauen zurückzufinden. Sie nimmt wichtige Aspekte von Autoren auf, z. B. Francis Fukuyama, einem amerikanischen Politikwissenschaftler. Er wirft einen kritischen Blick auf die Ausrichtung der persönlichen Autonomie des Individuums, auf den extremen

Individualismus und die Vernachlässigung der zwischenmenschlichen Resonanz. Über die Selbstoptimierung wird das Miteinander in der Gemeinschaft vernachlässigt.

Besonders ermutigend ist das Kapitel 7, es heißt: „Emotionen und Gefühle, die Vertrauen fördern". Hier beschreibt Verena Kast, wie wohltuend Freude und Freundlichkeit ist, auch gesundheitsförderlich, denn es stärkt unser Immunsystem. Lächeln ist ansteckend schafft Wärme, Nähe, und Vertrauen.

Wie oft haben wir schon erlebt, dass wir schmunzeln und ins Lachen kommen, wenn wir Menschen herzlich lachen hören, und wir kommen in gute Laune, obwohl wir den Grund des Lachens gar nicht kennen. Lachen ist einfach ansteckend. Die Autorin macht die Leser auf die Erforschung eines neuen Gefühls aufmerksam „Kama Muta" wird es genannt und ist aus dem Sanskrit entlehnt. Es bedeutet: bewegt durch Liebe und Zärtlichkeit. Es kann entstehen aus der Intensivierung eines Gemeinschaftsgefühls, wenn man etwas Schönes miteinander erlebt hat. Das Gefühl entsteht aus einer emotionalen Ansteckung eines positiven gemeinsamen Erlebens. Verena Kast macht jedoch auch darauf aufmerksam, dass es eine Schattenseite gibt, wenn z. B. eine problematische Ideologie „gefeiert" wird, auch hier gibt es das Phänomen der Ansteckung.

Vertrauen entsteht in Beziehungen und wird auch in Beziehungen enttäuscht. Wie finden wir jedoch wieder heraus aus der Enttäuschung? Es gilt zu unterscheiden, so die Autorin, ist es enttäuschtes Vertrauen oder eine enttäuschte Erwartung? Ärger ist ein wichtiges Gefühl, sowohl in der Verarbeitung von enttäuschten Erwartungen als auch bei Enttäuschung im Vertrauen. Der Weg zum Verzeihen ist kürzer bei einer enttäuschten Erwartung. Der lange Weg zum Verzeihen bei enttäuschtem Vertrauen führt meist über Ärger und Trauer zu der Frage: Kann ich das je verzeihen? Mitunter muss man etwas gut sein lassen, bevor man verzeihen kann und sich wieder ganz versöhnen kann, auch versöhnen mit der Realität des Schattens beim anderen.

Verena Kast: „Wenn wir die Haltung des Vertrauens in den Mittelpunkt unserer Werte stellen, dann geht es um Beziehung im engsten und im weitesten Sinne: Die Beziehung zu uns selbst, zu unseren vertrauten Menschen, zur Gesellschaft, aber auch zur Natur." Das Individuum und die Welt um uns herum brauchen Respekt und Achtung, es geht um das Ich und das Wir. Dieses Buch „Vertrauen macht Mut" mit dem Untertitel „Was Zusammenhalt gibt" habe ich gerne gelesen. Ich empfehle es sehr gerne weiter, gerade auch in diesen unruhigen, bewegten, auch bedrohlichen Zeiten, in denen wir mehr denn je den Zusammenhalt und Mut zum Vertrauen brauchen.

Margarete Leibig

Konstantin Rößler
Arbeiten mit Träumen in der Analytischen Psychologie
Kohlhammer, 2021, 160 Seiten
ISBN 978-3-17-036605-3 € 32,00

Konstantin Rößler, nicht zu verwechseln mit dem Freiburger Kollegen und Autor Christian Roesler, ist mit seinem fundierten Buch über das Arbeiten mit Träumen in der Analytischen Psychologie ein wertvolles Arbeitsbuch gelungen. Es ist sowohl für angehende TherapeutInnen, für KollegInnen als auch für interessierte Träumer ein wertvolles, weil klar und gut zusammengefasstes Arbeitsbuch.

Es ist in der Reihe, „Analytische Psychologie C. G. Jungs in der Psychotherapie" des Kohlhammer Verlags erschienen, deren Herausgeber Ralf Vogel ist, und ist ganz gewiss eine Bereicherung!

Konstantin Rößlers Anliegen in dem Buch ist: „Auf den Punkt gebracht dreht sich die Auseinandersetzung um folgende Fragen: Enthalten Träume Bedeutung und Sinn? – Sind sie als Botschaften der Götter einer transzendenten Ebene oder des Unbewussten Ausdruck einer geistigen Ebene, zu der wir im Schlaf Zugang erhalten und die für das Wachbewusstsein relevante Informationen erhält? Oder sind Träume Verarbeitungsprozesse der Tageserlebnisse mit lediglich reinigender Funktion, gar Blitzgewitter des Gehirns im schlafenden Zustand, somit bedeutungslose Epiphänomene der Materie?" (S. 17). Das sind die wesentlichen Fragen im Umgang mit Träumen. Und darauf gibt der Autor kompetente und klare Antworten.

Im ersten Teil werden die Wurzeln des Traums und das unterschiedliche Verständnis von Träumen aufgezeigt. Der Traum als Ausdruck göttlichen Wirkens in der Antike Ägyptens, seine biblischen Wurzeln und der Umgang mit Träumen in antiken Kulturen. Er zitiert die Auffassung Heraklits (ca. 520 – 460 v. Chr.), die dem heutigen Verständnis einer subjektstufigen Deutung nahekommt. Des Weiteren beschreibt der Autor sehr schön den Heilschlaf, der in speziellen Tempelanlagen und Heiligtümern praktiziert wurde.

Dem Traum in der Spätantike und im christlichen Mittelalter folgen der Traum in der Tradition der Aufklärung und der Romantik. Besonders interessant war für mich, wie der Traum als seelischer Entwicklungsprozess bei Novalis auftaucht. „Wir träumen von Reisen durch das Weltall – ist denn das Weltall nicht in uns? Die Tiefen unseres Geistes kennen wir nicht – Nach Innen geht der geheimnisvolle Weg. In uns, oder nirgends ist die Ewigkeit mit ihren Welten – die Vergangenheit und die Zukunft." (S. 26)

Der Autor bezieht auch Carl Gustav Carus (1789 – 1869) mit ein, auf den die Begrifflichkeit des „Unbewussten" zurückgeht. Carus war es, der ein Verständnis der Seele als Zugang zum Wissen der Natur und kosmischer Erkenntnis entwickelte, so Konstantin Rößler. Selbstverständlich wird Sigmund Freunds Konzept und sein Verständnis der Traumdeutung vorgestellt, bevor im 2. Kapitel das Traumverständnis in der Analytischen Psychologie entfaltet wird.

Mir gefällt besonders an diesem Traumbuch, wie der Autor den Ansatz C. G. Jungs vorstellt. Er zeigt C. G. Jungs Weg auf, sein Umkreisen der Mitte, die Circumambulatio, und das Nicht-festgelegt-Sein auf eine bestimmte Systematik. Gleichzeitig sucht der Autor den roten Faden und zeigt den LeserInnen Schritt für Schritt, worum es im Traumverständnis der Analytischen Psychologie geht. Sinn und Kompensation sind ein wesentlicher Teil der Basis des Traumverständnisses. Zitat von C. G. Jung: „Ich sehe darum gerade bei der Traumanalyse soviel wie möglich ab von der Theorie, nicht ganz allerdings, denn etwas Theorie brauchen wir immer, um die Dinge klarer erfassen zu können. So ist es eine theoretische Erwartung, daß ein Traum überhaupt einen Sinn habe" (S. 33). Im weiteren Verlauf schreibt Jung auch, dass es Träume gibt, die man nicht versteht. Und dennoch sieht er im Traum eine wesentliche Erfahrung von Sinn, der zum existentiellen Seinshorizont des Menschen gehört. Die Sinnimpulse sind wesentliche kreative Aspekte für unsere menschliche Entwicklung. Dazu gehört des Weiteren die kompensatorische Funktion der Träume, die im Konzept der Psyche als selbstregulierendes System enthalten ist (S. 34).

Konstantin Rößler setzt sich mit den Themen der Kausalität, Finalität und dem Symbolbegriff auseinander, ebenso mit der energetischen Auffassung des Libidobegriffs bei C. G. Jung.

In den Grundzügen der therapeutischen Haltung wird deutlich, was C. G. Jung und dem Autor wesentlich ist: eine Offenheit und Unvoreingenommenheit, die ein festes Deutungsschema nicht braucht. Und dennoch gibt Konstantin Rößler sehr klare „allgemeine technische Empfehlungen". Zum Beispiel Fragen an die Patienten „welches Bild hat Sie besonders angesprochen?", „was hat eine besonders starke innere Beteiligung hervorgerufen?" etc. Er plädiert für eine offene Haltung gegenüber dem Unverstandenen und Unverstehbaren und gegenüber dem ungelösten Geheimnis. Er zeigt den Stand der Neurowissenschaften in Bezug auf Träume auf sowie neuere Entwicklungen, z. B. die Wach-Traum-Kontinuitätshypothese.

Der zweite Teil in dem Buch, „Die Praxis der Arbeit mit Träumen in der Analytischen Psychologie", ist eine wahre Fundgrube für

Praktizierende. Er leitet die Arbeit mit einer hilfreichen „Gebrauchsanweisung" ein, macht Vorschläge, wie man den Umgang mit Träumen üben kann.

Es folgen grundlegende theoretische Einführungen zu Essentials der Analytischen Psychologie wie Komplexe, der Schatten, die Subjekt- und Objektstufe, die symbolische Ebene, die archetypische Dimension mit dem Archetyp des Selbst, Übertragung und Gegenübertragung, die psychischen Grundfunktionen und ihre Einstellungsmodi, der Initialtraum und der finale Traum am Ende einer Behandlung.

Nach den theoretischen Einführungen werden Träume von PatientInnen zu dem jeweiligen Thema miteinbezogen, sodass es ein sehr lebendiges und berührendes Arbeitsbuch ist.

Im Kapitel „Übertragung und Gegenübertragung" zitiert der Autor C. G. Jung: „Die Übertragung kann man mit jenen Medikamenten vergleichen, die beim einen als Heilmittel, beim anderen als pures Gift wirken. Ihr Erscheinen bedeutet im einen Fall die Wendung zum Guten, im anderen Verhinderung und Beschwernis, wenn nicht Schlimmeres, im dritten endlich ist sie relativ unwesentlich" (S.127). So lässt Konstantin Rößler immer wieder C. G. Jung zu Wort kommen und bezieht seinerseits ebenfalls Position.

Es ist ein ausgezeichnetes Buch zum Thema Arbeiten mit Träumen, sorgfältig erarbeitet und mit Struktur und Offenheit geschrieben. Ich habe es gerne gelesen und empfehle es sehr gerne weiter!

Margarete Leibig

Impressum

Jung-Journal – Forum für Analytische Psychologie und Lebenskultur, Jahrgang 25, Heft 47, April 2022 ISSN: 1867-4690
ISBN: 978-3-939322-47-4

Halbjährliches Erscheinen April und Oktober. Ein Jahresabonnement mit 2 Heften kostet z. Zt. € 15,- incl. Versandkosten.
Ein Jahresabonnement mit 2 Heften als PDF-Datei z. Zt. € 10,- Bestellungen über:
Internet: www.jung-journal.de
E-Mail: mail@jung-journal.de

Postadresse: opus magnum -
Lanzstr. 12, 65193 Wiesbaden
Bankverbindung: opus magnum
IBAN: DE60 6001 0070 0570 3447 02
BIC: PBNKDEFF

Redaktion

Prof. Dr. Lutz Müller, Anette Müller (Hrsg.)
Franziska Lang, Margarete Leibig, Bernd Leibig, Dieter Volk

Layout
Barbara Fischer, Anette Müller, Lutz Müller

Lektorat
Franziska Lang

Druck
Kohlhammer Stuttgart

Verlag
opus-magnum - www.opus-magnum.de
Webmaster: Walter Fleritsch

Bildnachweise: Wenn nicht anders angegeben, stammen alle Abbildungen aus lizenzfreien Quellen des Internet oder aus Privatbesitz. Titelbild: optische Illusion, martinjanecek, Adobe 287568029

Die Inhalte der Artikel geben nicht unbedingt die Meinung der Redaktion wieder.

Bisher erschienen:

Heft 20	Stirb und Werde	2008	ISBN 978-3-939322-19-1
Heft 21	Mythos Kind	2009	ISBN 978-3-939322-21-4
Heft 22	Um Himmels Willen	2009	ISBN 978-3-939322-22-1
Heft 23	Die Welt spielt	2010	ISBN 978-3-939322-23-8
Heft 24	Was für ein Glück!	2010	ISBN 978-3-939322-24-5
Heft 25	Geheimnis Nacht	2011	ISBN 978-3-939322-25-2
Heft 26	Woher kommt die Zukunft?	2011	ISBN 978-3-939322-26-9
Heft 27	Weisheit	2012	ISBN 978-3-939322-27-6
Heft 28	Macht: Faszination u.Tabu	2012	ISBN 978-3-939322-28-3
Heft 29	Die Lachnummer	2013	ISBN 978-3-939322-29-0
Heft 30	Geld	2013	ISBN 978-3-939322-30-6
Heft 31	Liebeszauber	2014	ISBN 978-3-939322-31-3
Heft 32	Dem Bösen auf der Spur	2014	ISBN 978-3-939322-32-0
Heft 33	Musik - Klang der Seele	2015	ISBN 978-3-939322-33-7
Heft 34	Eros und Sexualität	2015	ISBN 978-3-939322-34-4
Heft 35	Das Schöpferische	2016	ISBN 978-3-939322-35-1
Heft 36	Gehirn und Seele	2016	ISBN 978-3-939322-36-8
Heft 37	Visionen	2017	ISBN 978-3-939322-37-5
Heft 38	Essensausgabe	2017	ISBN 978-3-939322-38-2
Heft 39	Lüge und Wahrheit	2018	ISBN 978-3-939322-39-9
Heft 40	Träume	2018	ISBN 978-3-939322-40-5
Heft 41	Bewegtes Leben	2019	ISBN 978-3-939322-41-2
Heft 42	Individuation	2019	ISBN 978-3-939322-42-9
Heft 43	Berührungen	2020	ISBN 978-3-939322-43-6
Heft 44	Imagination	2020	ISBN 978-3-939322-44-3
Heft 45	Bedrohte Ordnungen	2021	ISBN 978-3-939322-45-0
Heft 46	Komplexe - Vom Teufel geritten	2021	ISBN 978-3-939322-46-7
Heft 47	Was soll das bedeuten?	2022	ISBN 978-3-939322-47-4

Die Hefte sind über den (Internet-) Buchhandel erhältlich.
Für Abonnenten und Gesellschaftsmitglieder stehen PDFs aller Hefte
zum kostenlosen download zur Verfügung (siehe www.jung-journal.de)

Folgende Themen für die nächsten Ausgaben sind in Planung:

Heft 48, Oktober 2022, Arbeitstitel: **Sinn und Zweifel.**
Bitte keine weiteren Beitrags-Vorschläge mehr einsenden.
Heft 49, April 2023, Arbeitstitel: **Ressourcen.**
Beitrags-Vorschläge können eingereicht werden bisJuni 2022.
Sie werden von der Redaktion auf Eignung geprüft.